国家自然科学基金青年项目：医疗行业创新产品采纳的影响机制研究：知识惯性的视角（批准号：71802070）
国家自然科学基金面上项目：公共信任危机的形成及修复机理研究（批准号：71473116）
国家自然科学基金面上项目：企业国际化能力形成机制与路径：基于知识导向与制度距离视角的研究（批准号：71272097）

经济管理学术文库 • 管理类

中国企业国际化营销动态能力形成机制研究

——基于知识的视角

The Mechanism of Marketing Dynamic Capabilities During Internationalization of Chinese Domestic Firms
—Based on Knowledge based View

张　珣　　徐　彪／著

图书在版编目（CIP）数据

中国企业国际化营销动态能力形成机制研究/张珣，徐彪著．—北京：经济管理出版社，2019.8

ISBN 978-7-5096-6888-7

Ⅰ．①中…　Ⅱ．①张…②徐…　Ⅲ．①企业管理—国际营销—研究—中国　Ⅳ．①F279.23

中国版本图书馆 CIP 数据核字(2019)第 183158 号

组稿编辑：杨国强
责任编辑：杨国强　张瑞军
责任印制：梁植睿
责任校对：陈　颖

出版发行：经济管理出版社
（北京市海淀区北蜂窝 8 号中雅大厦 A 座 11 层　100038）
网　　址：www. E-mp. com. cn
电　　话：（010）51915602
印　　刷：三河市延风印装有限公司
经　　销：新华书店
开　　本：720mm×1000mm/16
印　　张：13
字　　数：181 千字
版　　次：2019 年 11 月第 1 版　　2019 年 11 月第 1 次印刷
书　　号：ISBN 978-7-5096-6888-7
定　　价：68.00 元

前　言

近年来，随着中国经济的发展，大量企业开始实施了逆向国际化，即中国企业向发达国家的国际化。但现实却极为残酷。近 15 年来，中国企业海外扩张有着较高的失败率，尤其是在市场十分成熟的发达国家，中国企业面对细致繁多的市场规则和非常复杂的市场环境，根本无法应对。中国企业到底要怎样走出去？应该具备什么样的能力走出去？传统的理论难以有效解释。现有用于解释企业国际化的经典理论主要解释了发达国家企业向发展中国家和不发达国家的国际化，其基本前提是，最先崛起的跨国企业具备某种资源或能力的绝对优势，可以通过国际化释放其优势，取得超额利润。然而，与发达国家企业的国际化相比，发展中国家和不发达国家企业通常并不具备技术与市场能力等优势。这些问题已经成为业界和学界共同面对、亟待探讨的重大课题。因此，有必要对企业的逆向国际化展开研究。

本书认为，中国企业国际化失败率高的一个很重要的原因是中国企业国际化能力的不足，尤其缺乏与国际市场相匹配的营销动态能力，因为企业营销动态能力是中国企业能否进入国际市场，获取国际市场有效的知识以及在国际市场取得销售优势的关键。因此，基于中国企业逆向国际化的背景，本书在对国内外相关文献进行系统梳理的基础上，建立起从市场知识维度（具体包括市场知识的宽度和市场知识的深度）经过知识整合机制使用的吸收、转化和整合，进一步形成营销动态能力的过程，以揭示企业营销动态能力形成的知识管理机制与内在逻辑。具体的研究内容包括：①理论综述。通过对企业国际化、动态能力、知识管理与市场知识获取、知识整合机制的理论综述，组织能力中组织结构和组织文化的理论综述，以及营销动态能力研究综述，找出现有理论研究的缺陷，然后界定中国企业国际化、市场知识的维度（即市场知识的宽度和市场知识的深度）、营销动态能力等关键变量的概念及其维度构成。②结合现有理论研究，分别提出了市场知识的宽度和市场知识的深度对企业营销动态能力的直接和间接作用，从而剖析了中国企业国际化营销动态能力从知识到能力的形成机制，构建了中国企业国际化市场知识的维度通过知识整合机制的使用影响营销动态能力形成的理论模型，并通过 104 家实施逆向国际化的中国企业的调查问卷，使用 SPSS20.0、LISREL8.7 等统计软件以及 bootstrapping 技术进行数据分析，运用结构方程建模和层次回归的方法进行了实证研究，进一步阐明市场知识维度对国际化企业营销动态能力的影响及其内在作用机制，以及表征组织能力的正式化、部门化以及学习文化在市场知识的维度和知识整合机制的使用之间的调节效应。

基于以上研究内容，本书主要得出了以下结论：①市场知识的宽度越宽，知识整合机制的使用越多。国际化的中国企业所吸收的市场知识越广泛，越使用相应的知识整合机制来加快知识在组织内部的传播、分享，从而补充到原有的知识基础之中。②知识整合机制使用得越多，企业的营销动态能力就越强。国际化的中国企业通过知识整合机制的使用，进一步将内隐知识转化为外显知识，从而提升企业的营销动态能力。③知识整合机制的使用在市场知识的宽度与营销动态能力之间有部分中介作用。市场知识的宽度通过增加知识整合机制的使用，进而增强企业的营销动态能力。④市场知识的宽度对知识整合机制使用的作用受到了正式化的调节作用影响。在市场知识的宽度不变的前提下，企业的组织结构越正式化，市场知识的宽度对知识整合机制使用的影响越强；反之，企业的组织结构越不正式化，市场知识的宽度对知识整合机制使用的影响越弱。市场知识的宽度对知识整合机制使用的作用没有受到部门化和学习文化的调节作用影响。市场知识的深度对知识整合机制的使用以及营销动态能力均没有影响。

研究结论深化了中国企业国际化营销动态能力从知识到能力形成

作用过程的理解。具体而言，本书在以下三个方面进行了深化和拓展：①打开了营销动态能力的中间机制。现有研究者基于传统的资源观研究了资源对企业营销动态能力的直接影响，认为企业通过国际化获取了所需的互补资源，从而提升了国际化企业的营销动态能力，最终提升了企业的创新绩效。然而，传统的资源观对于解释营销动态能力的形成机制存在缺陷，只是阐释了国际化企业提升营销动态能力所需的互补资源，并没有阐释资源的类型，也没有说明资源转化为营销动态能力的中间机理。本书基于知识的视角，进一步阐明资源的具体类型——知识的重要作用，认为中国企业国际化之所以能够提升营销动态能力，主要是因为这些企业运用知识整合机制整合内外部的知识来提升营销动态能力。因此，本书对企业的从知识到营销动态能力形成研究做了有益补充。②拓展了企业国际化的理论边界。首先，传统关于企业国际化的研究主要集中于动机和过程的研究。本书关注中国企业逆向国际化营销动态能力的形成机制，因而弥补了先前国际化的研究没有集中于能力构建的缺陷。其次，对营销动态能力研究的学者大多采用案例的研究方法，基本都是对单案例的研究，难以构成普适性。本书基于中国企业国际化的情境因素，选择大规模调研，发现国际化企业的知识维度对营销动态能力的影响因知识整合机制使用的不同而各异。这一研究发现深化了对中国企业国际化如何提升营销动态能力的理论解释，有助于未来研究进一步探索中国企业国际化营销动态能力构建的内在机理。最后，目前对于企业国际化的研究主要集中于发达国家，本书在中国企业逆向国际化情境下对企业知识的维度影响营销动态能力理论形成的机制进行了检验，因而能够进一步拓展企业国际化的理论边界。③丰富了营销动态能力的相关研究。目前对于营销动态能力的研究主要集中于营销动态能力的内涵与外延的探讨，对于营销动态能力的实证研究较少。本书丰富了营销动态能力形成机制的研究，探讨了企业市场知识的维度对企业营销动态能力的影响，将市场知识的维度划分为市场知识的宽度和市场知识的深度，具体表现为市场知识的宽度和市场知识的深度对营销动态能力的影响，体现了企业市场知识的层次性，具有一定的理论创新意义。研究结论也同样具有一定的实践意义。对实施逆向国际化的中国企业而言，管理者应该意识到构建国际化能力的重要性，尤其是营销动态能力的建设，也要认识到仅有知识是不能构建能力的，还必须建立相应的知识整合机制，将在国际化进程中吸收的知识进一步转化、整合成企业的能力。

目　录

第一章　绪论

第一节　问题的提出

一、中国企业国际化之痛

随着世界经济一体化的进一步推进，我国许多企业进一步加大了进军海外的步伐。尤其是2000年以后，我国企业的国际化进入新的历史发展阶段。2000年初，中央政府将“走出去”战略上升到“关系我国发展全局和前途的重大战略”，我国企业在“走出去”战略引导下，以对外投资为特征，越来越多地采用并购的形式，比如联想、TCL、上汽、吉利、海尔、雅戈尔、三一重工等。据统计，2018年，我国全行业对外直接投资为1298.3亿美元，同比增长4.2%。其中，对外金融类直接投资93.3亿美元，同比增长105.1%；对外非金融类直接投资1205亿美元，同比增长0.3%。企业对外投资并购活跃，境外融资比例高。共实施完成并购项目405起，实际交易总额702.6亿美元，其中境内出资274.5亿美元，占同期对外直接投资总额的22.8%，这引起了国内外学者及政府的共同关注（Luo，Xue & Han，2010；吴晓波、丁婉玲、高钰，2010；商务部等，2018）。

自欧洲发生主权债务危机以来，欧洲资产相对缩水，我国企业对欧洲的企业产生了浓厚的兴趣。2018 年宣布的中国海外并购金额为 1080 亿美元，欧洲仍是中企海外并购金额最大的地区，占中国企业全球并购总额的六成（吴黎华，2019）。比如，2011 年初，中国化工集团以 24 亿美元收购了以色列企业 Makhteshim Agan Industries 的 60% 股权签署协议，从而将其农作物保护技术在中国国内进行推广和应用；2012 年 1 月，三一重工发布公告称，以 3.6 亿欧元收购德国普茨迈斯特公司的 100% 股权（其中三一重工占股 80%）；2018 年，闻泰科技收购荷兰安世半导体 Nexperia 75.86% 的股权，交易金额 201.49 亿元。综上，世界经济形势的发展和国际产业重组等现状都为中国企业"走出去"创造了良好的外部环境。因此，中国企业"走出去"的步伐将加快。

然而，现实是极为残酷的，20 多年来中国企业海外并购失败率高达 70%，并购型的激进式企业国际化模式被称为"勇敢者的游戏"（顾阳，2012；李泳，2009）。自从 2004 年以来，中国一共有 14 家企业在海外发生巨额的亏损，这 14 个项目累计亏损额高达 950.5 亿元。而实际上这还只是冰山一角，其实中国对外投资真实存在的风险要比现在已经暴露的大得多（孙韶华，2012）。特别是在市场十分成熟的发达国家，走出去的中国企业要面对的市场机制更加完善，面对的消费者的需求更为苛刻，而市场需求则更加多样化，市场形势在不断地动态变化；国内企业的政治优势、资源优势等必须转化为市场优势，才能在激烈的市场竞争中获胜。面对这种转变，许多走出去的企业根本无法应对，从而导致较高的并购失败率。

由以上数据和分析可知，中国企业国际化的进程必将面临重大的发展之痛。

二、中国企业营销动态能力构筑之思

中国企业的并购之路并不顺畅，与全球的平均水平相比，中国企业能够成功地完成收购交易的比率较低；有近一半的海外收购由于各种原因未能达成交易（张建红、卫新江、海柯、艾伯斯，2010）。即使目前看来，联想收购 IBM 的 PC 业务是成功的，但其也是经历了痛苦的磨合期（达到 7 年），才取得了今天的成绩。这些均引起了企业界和学术界的反思，甚至有学者建议中国企业特别是央企不宜“走出去”（保育钧，2008；周升起、郑玉琳、兰珍先，2011）。这里需要思考的一个重要问题是，同样面临激烈的国际竞争，为什么中国企业在国际市场上竞争时有的成功，有的失败？正是由于营销动态能力的缺乏，企业绩效表现具有明显差异性。因为企业营销动态能力正是解决中国企业能否进入国际市场、获取国际市场资源以及在国际市场取得竞争优势的重要因素之一。

对企业营销动态能力的研究起源于 2005 年，对其前因变量的研究主要包括资源、管理者认知等，而对其结果变量的研究主要集中在企业绩效和竞争优势等方面。在从知识到能力，从能力到竞争力的整个链条中，有以下问题值得我们深入思考：知识如何提升企业的营销动态能力，其如何被吸收、转化与整合，其具体的内在机理是怎么样的，等等。

首先，从研究视角上看，学术界对企业营销动态能力的研究大部分是一维或二维的——单纯研究从知识到营销动态能力，或者营销动态能力到企业竞争力或者企业绩效，只研究整个链条中两两之间的关系。目前，仍缺少对营销动态能力影响机制内在机理的定量分析，而基于市场知识、知识整合机制和企业营销动态能力三维互动的研究成果更是罕见，尤其是对知识整合机制在从市场知识到企业营销动态能力演化过程中的中介作用认识不够清晰，同时对其作用模式和影响机制的理解不够透彻，从而导致仍未揭示从“资源获取”到“资源整合”再到“能力提升”并最终赢得持续竞争优势整个链条的演化机理。

其次，从研究方法上看，学术界对企业营销动态能力演化过程的研究主要以案例研究和定性分析为主，只有少部分定量研究成果围绕营销动态能力展开。这就造成营销动态能力的内涵呈现多样化，比如有学者将营销动态能力定义为过程，有学者则将其定义为能力，且大部分案例研究也只是单案例研究，很难具有普适性。

最后，从研究内容上看，前人虽然对以上单个问题进行过深入探讨，例如，Bruni 和 Verona（2009）指出，营销动态能力的不同使得高科技公司的绩效也具有异质性。Fang 和 Zou（2009）的研究调查了营销动态能力的前因，认为其对国际合资企业的绩效和竞争优势有正向的影响。郭净（2012）的研究探讨了营销动态能力与企业国际化绩效之间的关系，营销动态能力通过影响企业的战略制定和执行，最终影响企业的国际化绩效。然而，现有研究中几乎没有将其纳入同一个研究框架进行系统分析和探讨的。而如果能够在同一框架下对这些问题进行研究，不仅有助于理解市场知识、知识整合机制、企业营销动态能力之间的相互影响路径和作用机制，也有助于中国企业在国际化的过程中通过市场知识的获取和整合，进而构建竞争优势，从而在国际化的竞争中立于不败之地。

基于以上的理论和现实背景分析，我们需要进行深入思考和研究以下问题：首先，从实践层面来看，为什么有些中国企业进入国际市场，通过市场知识的引进实现了营销动态能力的由量变到质变的跨越和发展，从而获得巨大的成功，而更多的企业则陷入国际化竞争的陷阱？其次，从营销动态能力理论看，从资源获取到能力提升是一个必然结果还是中间存在着影响整个过程的链接机制？

第二节　研究意义

一、理论意义

（一）打开了营销动态能力的形成机制

学者们基于传统的资源观研究了资源对企业营销动态能力的直

接影响（Fang & Zou，2009），认为企业通过国际化获取了所需的互补资源，从而提升了国际化企业的营销动态能力，最终提升了企业的创新绩效。然而，传统的资源观对于解释营销动态能力的形成机制存在缺陷。其只是阐释了国际化企业提升营销动态能力所需的互补资源，并没有阐释资源的类型，也没有说明资源转化为营销动态能力的中间机理。本书进一步将资源明确为知识，阐明知识的重要作用，认为中国企业国际化之所以能够提升营销动态能力，主要是因为这些企业运用知识整合机制整合内外部的知识来提升营销动态能力。因此，本书对从企业的知识到营销动态能力形成的研究做了有益的补充。

（二）拓展了企业国际化的理论边界

首先，传统关于企业国际化的研究主要集中于动机和过程的研究，而且现有的企业国际化理论均不能解释中国企业国际化模式与路径的选择。长期以来，解释企业国际化的理论一直以西方的理论为主导，比如垄断优势理论（Hymer，1976）、内部化理论（Buckley & Casson，1976）和在此基础上由Dunning（1988）建立的国际生产折衷理论（Eclectic Theory）等。但是这些理论的基本前提是最先崛起的跨国企业具备某种资源或能力的绝对优势（所有权优势、区位优势或内部化优势），可以通过国际化释放其优势，从而取得超额的利润。然而，发展中国家企业在实施逆向国际化的时候，与发达国家的跨国公司相比，通常并不具备技术与市场能力等优势（Peng，Wang & Jiang，2008；Luo & Tung，2007；Mathews，2006）。同时，对中国并购中出现的“同一产业内的并购，有的企业成功、有的企业失败”的现象，即“具有相同比较优势的情况下，为何有的企业成功、有的企业失败”，传统理论没能给出解释，需要从企业内部管理的视角来解释这部分变异。因此，本书主要从内部知识整合的视角关注中国企业逆向国际化营销动态能力的形成机制，因而弥补了先前国际化的研究没有集中于能力构建的缺陷。

其次，对营销动态能力进行研究的学者大多采用案例的研究方法，基本都是单案例的研究，难以构成普适性。本书基于中国企业国际化的情境因素，选择大规模调研，发现国际化企业的知识维度对营销动态能力的影响因知识整合机制使用的不同而各异。这一研究发现补充了对中国企业国际化如何提升营销动态能力的理论解释，有助于未来研究进一步探索中国企业国际化营销动态能力构建的内在机理。

最后，目前对于企业国际化的研究主要集中于发达国家，本书在中国企业逆向国际化情境下对企业市场知识的维度影响营销动态能力理论形成的机制进行了检验，因而能够进一步拓展企业国际化的理论边界。

（三）丰富了营销动态能力的应用及实证研究

目前对于营销动态能力的研究主要集中于营销动态能力的内涵与外延的探讨，对于营销动态能力的实证研究较少，并且探讨国际化企业营销动态能力的研究也较欠缺。本书丰富了营销动态能力形成机制的研究，探讨了企业市场知识的维度对企业营销动态能力的影响，将市场知识的维度划分为市场知识的宽度和市场知识的深度，具体表现为市场知识的宽度和市场知识的深度对营销动态能力的影响，体现了企业市场知识的层次性，具有一定的理论创新意义。

基于上述理论背景，本书以中国企业国际化为背景，从知识的视角分析了发展中国家企业向发达国家国际化过程中的营销动态能力构建或形成机制，并通过问卷调研，收集了相关数据，对模型进行了实证检验。研究发展了企业国际化的相关理论，增加了我们关于发展中国家企业向发达国家国际化中的营销动态能力形成的认识，促进了理论上关于营销动态能力的研究，具有一定的理论价值和贡献。

二、现实意义

商务部发布的《2018 对外投资合作发展报告》指出，党的十九大以来，在习近平新时代中国特色社会主义思想指引下，中国持续创新对外投资方式，优化对外投资结构，提升对外投资质量效益，推动形成面向全球的贸易、投融资、生产和服务网络，培育国际经济合作和竞争新优势，2018 年中国对外直接投资有望整体保持平稳有序发展。但是，进入 2018 年，全球经济经过金融危机后的深度调整有所复苏，然而阻碍全球经济长期持续增长的风险也同时积聚。以美国为代表的发达国家推行逆全球化、贸易保护主义措施，正在破坏全球价值链合作，贸易摩擦、地缘政治冲突等诸多国际经济社会发展中的不稳定、不确定因素长期存在。

因此，不能用传统的跨国经营相关理论去解释。从企业内部管理的视角解释这些现象，是一个可行的方向。本书主要从内部知识整合的视角来加以分析，揭示这一部分没有被传统理论解释的方差。因此，本书的现实意义在于，通过对中国企业国际化的实证研究，从知识的视角出发，将知识的维度进一步细分为宽度和深度，构建了中国企业国际化过程中营销动态能力的形成机制，对中国企业提升营销动态能力具有较强的指导意义，并引导我国企业在国际化竞争中提升国际化能力，取得竞争优势。

第三节　技术路线

技术路线如图 1－1 所示。

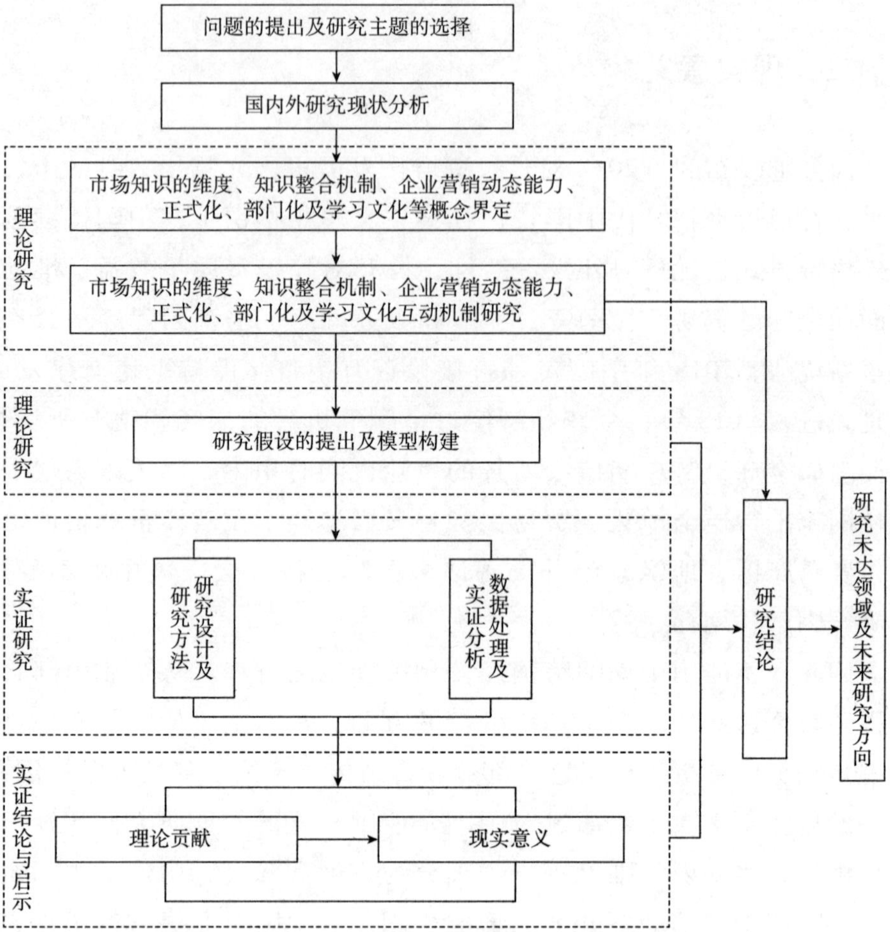

问题的提出及研究主题的选择

国内外研究现状分析

理论研究

市场知识的维度、知识整合机制、企业营销动态能力、正式化、部门化及学习文化等概念界定

市场知识的维度、知识整合机制、企业营销动态能力、正式化、部门化及学习文化互动机制研究

理论研究

研究假设的提出及模型构建

实证研究

研究设计及研究方法

数据处理及实证分析

实证结论与启示

理论贡献

现实意义

研究结论

研究未达领域及未来研究方向

图1-1　技术路线

第四节　研究方法

一、文献研究法

本书涉及知识理论、知识整合机制、企业营销动态能力等领域内

容，将在对相关文献进行系统梳理基础上，构建基于内部作用机制的从知识的维度到企业营销动态能力再到企业国际化绩效演化的理论逻辑体系。

二、实证研究

首先对相关理论进行高度分析和概括，构建概念模型；其次在此基础上进行问卷的设计并进行调查；最后采用结构方程模型、层次回归、bootstrapping 等分析方法检验企业市场知识的维度、知识整合机制与企业营销动态能力之间的内在关系。

第五节 研究内容与结构安排

一、研究内容

本书研究主题涉及知识管理、企业营销动态能力等多方面的内容。其中最关键的问题在于如何建立科学的理论分析体系，并将理论研究与实证研究有机结合。

（一）理论分析及模型构建

基于国内外相关研究成果，在对知识维度、知识整合机制、企业营销动态能力等概念进行界定的基础上，根据理论分析构建市场知识的维度、知识整合机制、企业营销动态能力之间的概念模型。

（二）实证研究市场知识维度、知识整合机制和企业营销动态能力之间的关系

基于文献研究建立起企业营销动态能力演化过程模型，并进行高度抽象和概括，建立相关的结构方程模型，并提出基本假设和分假设；在界定市场知识维度、知识整合机制和企业营销动态能力概念的基础上，确定各变量，同时进行问卷设计；选择相关国际化企业提前做预调研测试，对问卷进行信度、效度分析，然后根据分析结果对问卷进行修正；选择另外的国际化样本企业进行问卷调查；利用 LISREL 8. 70 和 SPSS 20. 0 等软件对数据进行处理，并对处理结果进行分析。

（三）企业营销动态能力构建及提升对策分析

在理论研究和实证研究的基础上，深入分析在国际化的进程中，企业营销动态能力形成的成因，并提出具有较强操作性的提升国际化企业营销动态能力的策略。

本书重点在于构建基于知识理论、知识整合机制的国际化企业营销动态能力形成理论研究框架；建立反映企业市场知识维度、知识整合机制的使用、营销动态能力内在相互作用的结构模型；实证研究国际化企业营销动态能力的构建机制。本书的难点在于理论研究与实证研究的有机结合。

二、结构安排

全书共分七章内容。每章主要内容如下：

第一章，绪论。该部分对本书的背景和研究意义以及研究方法等进行简要论述。

第二章，文献述评与概念界定。基于国内外相关理论，梳理、归纳、总结现有的研究成果。

第三章，理论框架与实证模型。在文献综述和理论研究的基础上，

梳理归纳现有的实证研究，构建市场知识维度、知识整合机制的使用和企业营销动态能力之间的概念模型，并提出本书的假设。

第四章，研究设计与数据准备。从研究方法的选择、研究变量的测量、问卷的设计与制作、问卷预调研及修订、正式调研数据收集过程等几个方面一一进行阐述。本章将理论研究与实证研究相结合，进一步为本书的实证研究奠定基础。

第五章，数据的分析。本章首先对调研数据进行了处理，通过描述性统计分析，描述了样本企业的整体分布情况，同时考察了各变量在企业统计变量上的差异。通过对预调研的数据进行探索性因子分析和信度的初步检验，检查问卷的质量；然后对正式调研的数据进行验证性因子分析，对问卷的信度和效度进行检验，进一步考察了各个变量之间的关系和数据质量。

第六章，研究假设检验。本章首先检验了各个变量的相关性；其次利用结构方程模型检验了市场知识的维度、知识整合机制的使用与企业营销动态能力之间的关系，包含市场知识的宽度、市场知识的深度分别对企业营销动态能力的直接作用分析、知识整合机制在市场知识的维度和企业营销动态能力之间的中介作用分析；再次用 SPSS20.0 以及 bootstrapping 技术检验了正式化、部门化、学习文化在市场知识的维度与知识整合机制的使用之间的调节作用；最后是结果的汇总。

第七章，结论与展望。本章基于前面的研究，系统地总结了全书的主要研究结论，同时，提出了本书的理论贡献与实践意义，对研究中可能存在的不足和局限性进行了说明，并在此基础上指出未来可能的研究方向。

第六节　可能创新之处

基于已有研究的成果，本书在以下三个方面进行了深化与拓展：

一、依据知识视角，剖析了企业国际化营销动态能力的形成机制

对营销动态能力的研究是近年来学者们将动态能力理论引入营销领域的具体应用。已有研究主要基于资源观、组织学习等理论视角检验资源或者知识对营销动态能力的影响，然而对资源如何影响企业的国际化营销动态能力则缺乏关注。本书从知识的视角出发，将资源进一步细化为知识，创造性地搭建了市场知识的维度—知识整合机制—营销动态能力的理论框架，有助于打开从知识到能力的过程黑箱。因此，本书对于打开市场知识影响企业国际化营销动态能力机理的内部黑箱具有重要贡献。

二、拓展了企业国际化的理论边界

传统关于企业国际化的研究主要集中于动机和过程的研究，并且研究对象都是发达国家，基本上描述的是西方发达国家企业向发展中国家以及不发达国家进行国际化的研究情境，不能解释中国企业的逆向国际化。同时，对中国并购中出现的“同一产业内的并购，有的企业成功、有的企业失败”的现象，即“具有相同比较优势的情况下，为何有的企业成功、有的企业失败”，传统理论没能给出解释，需要从企业内部管理的视角解释这部分变异。因此，本书从知识视角出发，重点研究中国企业逆向国际化中相关能力的构建，尤其是营销动态能力的构建，进一步丰富和发展了国际化相关理论及知识管理理论。

三、丰富了营销动态能力的相关研究

目前对于营销动态能力的研究主要集中于营销动态能力的内涵与外延的探讨，对于营销动态能力的实证研究较少。有些研究使用单案

例研究企业的营销动态能力，但是可能不具备普适性。本书丰富了营销动态能力形成机制的研究，探讨了企业市场知识的维度对企业营销动态能力的影响，将市场知识的维度创造性地划分为市场知识的宽度和市场知识的深度，具体表现为市场知识的宽度和市场知识的深度对营销动态能力的影响，体现了企业市场知识的层次性，具有一定的理论创新意义。

四、提出了国际化的中国企业注意构建合适的知识整合机制的管理建议

本书针对我国企业实施逆向国际化的研究情境，探索了相关国际化能力的构建，尤其是营销动态能力的构建，提出了“知识—知识整合机制—能力”的链条，提醒各个企业意识到知识整合机制的重要性，仅仅拥有知识是不够的，应该在企业内部建设相应的知识整合机制，提升市场知识的吸收、转化、整合的能力，这样才能具备相应的国际化能力，尤其是营销动态能力，才能在国际化竞争中立于不败之地。

第二章　文献述评与概念界定

第一节　企业的国际化理论

现代企业的规模不断地扩大，而且随着全球经济一体化进程的推进，许多企业积极主动地将经营范围扩展到世界上的其他国家，从而达到追求不断成长的利润最大化的目标。此外，由于全球市场越来越趋向于一致性，其他企业到本国市场寻求获利的机会也在增加，因此，即使企业不愿意开拓国际市场，最后也会因为国内市场的竞争加剧，迫不得已走向国际化的经营形态，从而保持其原有的获利水平（Hamel & Prahalad，1994）。因此，无论是主动地希望通过国际市场的进入，扩大企业的经营规模并增加经营的利润，还是被动地应对他国企业进入本国市场的威胁，从而不得不走向国际化，企业走向国际化已经是大势所趋。随着国际化企业不断的增多，引起了许多学者的关注，他们逐渐重视企业国际化的研究，因而企业国际化的理论也在不断地丰富和完善。

一、企业国际化的概念

企业国际化的研究从20世纪60年代兴起，从1966年Vernon最早提出企业国际化的概念，到目前已经经历了近半个世纪的发展。然而

目前关于企业国际化的概念，学术界至今尚未形成统一的、能为大家所广泛接受的定义。目前对企业国际化定义，主要有以下几种观点：

从连续性过程的视角看：Vernon（1966）认为，国际化是一个连续性的概念，他从技术跨国转移的角度，分析了在产品生命周期下发达国家如何实现国际化，进一步指出企业国际化是企业从国内市场向海外市场进行拓展的、渐进式的演变过程。之后有学者在此基础上提出了相似的概念，20 世纪 70 年代，Carlson（1975）和 Johanson（1975）都指出，企业国际化是企业由国内市场向国外市场发展的渐进演变过程，并且 Johanson（1975）还进一步表明，企业通过组织结构的持续调整参与国际市场经营。到了 90 年代，Ahokangas（1998）指出，国际化是指企业为了进行跨国业务活动，而积极动员、积累和开发各项资源的过程。

从企业国际化形态的视角看：Young（1989）从企业国际化的形态视角出发，指出企业国际化是指"企业进行跨国经营的所有活动及其方式，具体有产品出口、对外直接投资、技术许可、管理合同、国际承包和特许经营等"。此外，还有一些学者认为，企业国际化实际上是指跨越国境的一系列交易和交换活动，以满足个人、客户和组织的需求（Rugman & Hodgetts，1995）。

从态度和涉入程度的角度看：Johanson 和 Wiedersheim – Paul（1975），Johanson 和 Vahlne（1977）认为，国际化是指企业国际涉入的态度或者涉入的程度。Roberton（1992）认为，国际化是指世界意识或全球化意识的增强，以及因此而给企业带来的发展机会。

从动态运营的角度看：Welch 和 Loustarinen（1988）认为，国际化是指企业运营活动从国内发展到国际的一种由内向外移动的现象。而国际化活动涵盖了企业的内部及外部活动。内部活动指为了应对外部的国际化活动，企业所进行的企业内部的调整，比如人事、组织结构及财务等方面。外部活动是指国外市场的进入选择及国际化的方式。Welch 和 Luostarinen 在 1993 年又进一步将国际化定义为企业向国外扩张其经营活动的一种运动。

从策略的角度看：部分学者把企业国际化视为一种策略，Hitt 等（1997）指出，国际化是指一种国际多元化策略，是企业跨越区域与国际边界，进入不同地理区域或者向海外市场进行扩张，包括销售、制造或者研发活动。Lehtinen 和 Penttinen（1999）指出，国际化是指企业通过开拓、渗透以及整合等策略，在其他国家构建其具体的业务关系网络。

从分工依赖的角度看：上述分析都是从微观企业视角对企业国际化进行了解释，然而国际化也常常描述国家、企业与政府之间的相互依赖，因为科技进步使得跨越国境的沟通更加容易和便利（Matlay & Fletcher，2000）。于是到了 21 世纪，一些学者开始从宏观视角对企业国际化进行分析和界定，主要强调国际化过程中的相互依赖关系。Govindarajan 和 Gupta（2000）认为，国际化为国家间持续增长的经济上的相互依赖，反映在财务、劳务、资本或知识不断地跨越国境而流动，涉及三个层面：①世界层面，指各国间经济上相互依赖的程度；②国家层面，指一个国家的经济与其他国家间相互联结的程度；③行业层面，指在行业内部，一个企业的国内竞争地位与在他国竞争地位相互依赖的程度。Daniels 等（2002）则就企业进行跨国交易、技术转移认为，国际化是指不同国家人民之间不断深化关系并增加彼此的相互依赖程度。由于技术的不断进步、人们收入水平的提高、跨越国境活动越来越自由化，同时国际上也进行了更多的合作，因此，企业开始在国际交换财务和劳务、将生产移向他国，同时从国外学习更有效运营方法等方面的能力也已经大大增加。国际化的增长给个人、企业和国家带来了机会与威胁。

本书将学者对企业国际化的定义总结如表 2 - 1 所示。

综合以上理论研究对企业国际化的定义，同时结合中国企业实施国际化的具体情境，本书把企业的国际化定义为，企业通过参与国际分工和竞争，通过国内市场向国际市场渗透和流通其产品和生产要素，从而实现企业经营活动的多元化。由于本书的研究对象是实施国际化的中国企业，同时考虑到中国企业国际化年龄普遍较短，企业数量较少，

表 2-1　国际化有关的定义

学者	年份	国际化的定义
Vernon	1966	企业国际化是企业拓展海外市场的演变过程
Carlson	1975	企业国际化是指企业从国内市场向国外市场进行拓展的整个演变过程
Johanson & Vahlne	1977	国际化是指企业国际涉入的态度或者涉入的程度
Welch & Loustarinen	1988	国际化是指企业经营活动由国内发展到国际的一种由内向外移动的现象，包括企业的内部及外部活动
Robertson	1992	国际化是指世界意识的增强增加了企业的机会
Welch & Luostarinen	1993	国际化就是企业的经营活动向国外扩张的一种运动
Rugman & Hodgetts	1995	国际化是指跨越国境的一系列交易和交换活动，以满足个人、顾客和组织的要求
Hitt，Hoskisson & Kim	1997	国际化是一种国际多元化策略，是企业跨越区域与国际边界，进入不同地理区域或者海外市场进行扩张，包括销售、制造或研究发展的活动
Ahokangas	1998	国际化就是指企业为了跨国经营而进行的动员、积累和开发各种资源的过程
Lehtinen & Penttinen	1999	国际化就是企业通过开拓、渗透以及整合等策略，在其他国家构建其具体的业务关系网络
Govindarajan & Gupta	2000	国际化是国家间持续增长的经济上的相互依赖，反映在财务、劳务、资本或知识不断地跨越国境而流动，涉及三个层面： ①世界层面：指各国间经济上相互依赖的程度 ②国家层面：指一个国家的经济与其他国家间相互联结的程度 ③行业层面：是指在行业内部，一个公司的国内竞争地位与在他国竞争地位相互依赖的程度
Daniels，Radebaugh & Sullivan	2002	国际化是不同国家人民间关系的深化和更加相互依赖，企业在国际交换财务、劳务，将生产转移至他国，从国外学习更有效的运营方法的能力也大大增强，国际化的增加给个人、公司、国家带来了机会和威胁

资源来源：笔者整理。

分布较广，数据获得较为困难。为取得足够的观察对象和增强研究的现实意义，本书把中国国际化企业界定为走向国际市场，将其市场从国内进一步延伸至国际，同时通过学习来不断积累相关的知识和技能，从而实现国际化的中国企业。主要根据其是否从事海外经营、是否拥有海外资产以及是否通过技术出让向国外输出无形资产等进行判断。

二、企业国际化理论的演进过程

随着全球经济一体化的进一步加剧，企业国际化成为近 20 年来研究的一个重点方向。而为了解释不断涌现的国际化新现象，有关企业国际化理论的相关研究也已经从传统国际贸易理论以及国际商务理论的研究范畴中“跳”了出来。从研究结果来看，目前主要从三个方面展开对企业国际化的相关研究：①对企业国际化动机的研究，即企业为什么要进行国际化；②对企业国际化过程的研究；③对企业国际化结果的研究，以及企业国际化的发展和其结果的前因研究（Fletcher，2001）。

（一）企业国际化动机研究

关于企业国际化动机的分析，主要有两个视角：一是从宏观视角分析企业进行国际化的动机及其原因；二是从微观的视角，一般从企业的视角分析企业进行国际化的动机和原因。

1. 宏观视角的解释

这类研究一般基于国家经济的比较优势，研究的主要内容是国际贸易和直接投资对东道国及其母国的影响。主要有以下几类：

（1）绝对优势学说。亚当·斯密于 1776 年提出了绝对优势学说，作为英国古典经济学派的重要代表人物之一，他同时也是国际贸易理论（国际分工）的创始人之一。在其代表作《国民财富的性质和原因》一书中，他明确提出了国际分工与贸易的理论。他认为通过分工可以大大提高人们的劳动生产率，这也是增加国民财富的重要条件之一。他同时指出：既然分工可以大大地提高人们的劳动生产率，那么对每个人都非常有利的情况是，每一个人专门从事一种物品的生产，然后彼此交换。分工原则适用于一个国家内部不同的职业，同时也适用于不同的工种，当然也适用于各个国家。由于历史及地理等原因，每一个国家都具备生产某种特定产品的绝对优势，如果每一个国家都按照该国的绝对优势去进行专业化的生产，之后在国际市场上进行交换，这样对所有交换的国家都是最优的。因此，这将会最有效地利用各国的资源、劳动力和资本，同时会大大提高各个国家的劳动生产率并增加其物质财富。这种按照各个国家的绝对优势进行的国际化分工，实际上就是按照各个国家绝对成本的高低而进行的分工，同时也被称为“绝对成本论”。

（2）比较优势学说。基于亚当·斯密的绝对优势理论，大卫·李嘉图进一步提出了“比较优势理论”。亚当·斯密的理论指出，应该按照各个国家的地域、自然条件及绝对的优势差异进行国际分工，也就是说，一个国家输出的商品在生产成本上一定是绝对低于他国的商品，也就是在生产上一定是具有绝对优势的商品。李嘉图在此基础上认为：每个国家不一定要生产所有的产品，更应该集中精力去生产那些对本国来说利益最大的产品，然后在国际上进行贸易。这样，在资本和劳动力不变的情况下，生产总量就会增加。这样的分工对各国来说都是有利的。李嘉图认为，由于在国际上不能将资本和劳动力进行自由流动，如果按照比较成本的原则来进行国际分工，就可以使各国的劳动力配置更加合理，同时增加国家的生产总值，从而使各个贸易国家均获利。

“比较优势理论”对一个国家或地区发展国际贸易具有积极的指导意义。在实际运用中，各个国家或者地区要做到努力找出本国或本地区的竞争优势或者比较优势，努力使竞争劣势弱化，从而不断增强自身的竞争力。

（3）产品生命周期理论。Vernon（1966）提出了用来解释国际贸易和国际投资行为的产品生命周期理论（PLC）。根据 Vernon（1966）的理论，由于在初期的产品生产发展以及市场营销的过程中，存在着较高的不确定性，同时由于规模经济降低成本等影响因素，企业的国际化与产品生命周期有关，企业的国际化程度在不同的产品生命周期阶段是不同的。第一阶段：产生期。产品是在本地生产，企业会进一步扩大生产来试图获得规模经济，而多余的生产能力将用于出口其他国家，这样的企业一般是劳动密集型的制造业。第二阶段：成长期。在这一期间，企业产品的销售额迅速增加，企业会进一步加强产品的标准化，同时会根据市场状况改进产品，而市场需求也有所增加，有的企业会对外进行直接投资。第三阶段：成熟期。具有高度标准化的产品，消费者的需求水平降低，各个企业努力降低成本，将生产转移到劳动成本较低的国家。第四阶段：衰退期。发达国家的市场需求下降，企业在这一阶段所得收入用于满足新产品的研发和生产，此时，发达国家会将原产品的生产基本都转移到低度发展的国家。

（4）投资发展阶段论。Dunning（1981）基于动态的角度，解释了一个国家经济发展水平的状况与该国家对外直接投资的地位有很大的关系。通过对 1967～1979 年 56 个国家的人均 GNP 以及人均对外直接投资额的实证研究，Dunning（1981）发现，一个国家对外直接投资额的多少与该国的经济发展水平存在相关性。之后，Dunning 和 Narula（1996）对此进行了拓展，他们认为国家的投资方式取决于国家的发展阶段。该理论从宏观上构建了一国对外投资的演进模式，动态地说明了一国的经济发展水平与国际直接投资相关。

2. 微观视角的解释

这类理论以微观的企业个体为研究对象，试图研究企业国际化的动机。

（1）垄断优势理论。Hymer（1960）提出垄断优势理论，该理论指出，为了消除对外国市场的不足认识，一个组织必须拥有足够的垄断优势。而这种优势不是某个国家中特定组织中以资产为基础的优势，可能是来自于规模经济以及过剩的资源。企业可以凭借不完整的市场结构，运用各自的优势进入市场，进行各种具体的活动，同时获得超额租金。与此同时，Hymer 指出，将个人或公司投资组合风险进行分散的主要原动力就是多元化。

然而垄断优势理论的缺点在于：它的分析和描述基本没有实证分析和动态分析，基本上都属于经验性的，所以不能用于解释垄断优势如何选择区位的问题，也不能解释服务业的跨国经营行为。此外，也不能解释对于那些拥有垄断优势的跨国企业为什么不凭借技术转让、出口等国际化方式进入海外市场；而且该理论基本以美国企业为研究对象，无法解释其他发展中国家企业的对外直接投资现象；同时其研究对象是跨国大企业，所以也无法解释中小企业的海外直接投资现象，这些中小企业并不拥有垄断优势。

（2）国际生产折衷理论。Dunning（1976）运用折衷主义的方法，发表了《贸易、经济活动的区位与多国企业：折衷理论的探索》一文，综合分析了各个学派的跨国公司理论，并在此基础上提出了国际生产折衷理论。之后，Dunning（1981）将折衷理论进一步理论化、系统化和动态化，出版了论文集《国际生产与跨国企业》。

该理论的具体内容是，企业之所以会进行国外直接投资，主要是因为该企业本身所拥有的所有权优势、内部化优势和区位优势三大基本优势。所有权优势主要指企业自己所拥有的或者能够得到的国外其他企业没有的或者很难得到的无形资产以及规模经济的优势，具体包括技术优势、企业规模经济优势、企业管理等优势。跨国企业从事国外直接投资的能力与其所拥有的所有权优势的大小有很大的关系。内部化优势是指企业将其所有权的优势保留在企业的内部，从而避免市场的不完全性，由此企业获得了相应的优势。Dunning（1981）认为，企业的国际竞争力既来自于垄断优势，又来自于内部化的优势。内部化的优势可以使得企业在全球进行资源配置时，不会受到外部环境的干扰，尤其是外部市场的不完善性对企业经营产生不利的影响，从而企业可以保持技术创新的垄断地位，有利于获得最大的利润。区位优势是指国内外生产区位上具有相对的优势，其是跨国企业对外直接投资的吸引与推动力量。区位优势是由东道国和母国的多种因素综合决定的，具体包括劳动力的成本、市场销售的因素、政府政策的因素、心理距离等几个方面。基于对这三种优势的阐述，Dunning（1981）将其进行不同的组合，同时用它们的不同组合来说明跨国公司进行国际化决策的行为。如果一个企业只拥有所有权优势，则一般情况下，企业国际化决策可能是以选择许可证贸易的方式进行的；如果一个企业拥有所有权优势和内部化优势，但缺乏区位优势，则该企业一般会选择先在国内生产然后向国际市场出口的方式；只有当企业同时具备三种优势的时候，才会选择对外直接投资。

国际生产折衷理论的适用范围相对比较广、解释能力也比较强，是最广为接受的综合性国际生产模型。但该理论忽略了对三大优势之间的相互关系的解释，也进行描述随着时间的推移，三大优势如何进行动态的发展；同时，该理论还以传统的厂商理论框架为基础，忽视了社会经济活动关系的结构，也忽视了战后国际政治经济环境的重大变化，导致其与国际直接投资的实践活动是脱节的，因此不能从根本上揭示跨国公司国外直接投资的本质及其发展的根本原因。

（3）内部化理论。Coase（1937）出版了《企业的性质》，提出了内部化的概念和科斯定律。Buekley 和 Casson（1976）受到该理论的启发，进一步指出，当企业发现将某个地方的国际资源配置内部化，其交易成本比利用外部市场低时，就会利用其所拥有的特殊优势进行资本化和跨国化。也就是说，市场内部化过程的产物是跨国公司。该理论是一种广为流传的理论，其解释了跨国公司向国外直接投资的动机和决定因素。其具体的内容是：当外部市场失灵时，企业会将市场内部化；由于中间产品市场具有不完全性，尤其是知识产品的不完全性，进一步促进了内部化市场的形成；当内部化过程超越国界的时候，就形成了通常意义上的跨国企业。因此，内部化优势促进了企业对外直接投资。

学者们对早期的跨国公司理论进行总结，从市场内部化的角度出发，提出了用于解释跨国公司对外直接投资行为的内部化理论，是对跨国公司理论有益的补充和完善。但是，企业在国际化过程中，如何选择对外直接投资的时机和地区，以及如何与企业的经营战略相联系等，内部化理论却无法解释。并且该理论缺乏对世界经济环境或宏观经济影响的分析，不能解释海外直接投资的初始动力。

（二）企业国际化的过程研究

有学者对企业国际化的过程进行了分析，总体来看现有研究一般有以下几种：

1. UPPSALA 模型

这是北欧学派的 Johanson 和 Wiedersheim－Paul（1975）以及 Johanson 和 Valllne（1977）集体智慧的结晶，基于企业行为理论的研究方法，北欧学派提出了企业国际化过程理论，又称为国际化阶段理论，即大家通常所说的 UPPSALA 模型。Johanson（1975）等指出，企业国际化是一个渐进的过程，主要体现为企业市场范围和经营方式的国际化。进一步从市场范围看，企业国际化的演进路径是：本地市场—区域市场—全国市场—相邻的海外市场—整个全球市场；从经营方式看，企业国际化的演进路径是：国内经营—使用中间商来间接出口—直接出口—建立海外销售机构—直接在海外生产和销售。该模型的重要假设是：阻碍企业国际化的主要因素是国外市场知识的缺乏，因此该模型进一步指出，海外经营活动的成败是由海外经营的经验所决定的。相应地，北欧学派的学者们进一步提出国际化阶段模型的关键变量主要有市场知识与市场投入、企业的投资决策与经营活动。这个模型首先从市场知识开始，通过企业所拥有的市场知识进一步影响其市场投入，而市场投入又决定了企业的投资决策。另外，企业的投资决策也进一步影响了企业的经营活动，最后经营活动通过促进企业获得市场知识来降低市场风险，从而进一步使企业增加了对国外市场的投入。这是一个循环的过程：企业在国际化过程中不断地获取知识、降低风险，进一步增加投入。

该国际化阶段模型对传统行业的企业进入国际市场并国际化具有一定解释力。但是，许多学者通过后续的深入研究发现：该模型过于简单，对影响因素的考虑也比较单一。后来，学者对此模型进行了较多补充和修正。

2. 其他国际化阶段模型

北美学者们分别于20世纪70年代和80年代，提出了另外的国际化阶段模型。具体来看，有基于Rogers（2011）的创新扩散理论，Bilkey和Tesar（1977），Reid（1981），Czinkota（1982）把国际化过程看作是企业内的一系列管理创新，所以，国际化被看成是采用创新或者新观点的学习过程。Bilkey和Tesar（1977），Czinkota（1982），Czinkota和Johanston（1981）认为，企业的行为具有相对一致性，他们将国际化过程具体分为六个阶段，即不愿意—不感兴趣—产生兴趣—实践—有些经验的小出口商—经验丰富的大出口商，他们进一步指出，企业的行为会沿着国际化学习曲线的路径实现渐进式的发展。当进入每一个新阶段的时候，企业会相应投入所需要的资源和能力。而Cavusgil（1980）的研究则将企业国际化的过程分成了国内营销、进入前出口、试验性地进入、积极投入和国际战略五个阶段。

基于Luostarinen（1979）的研究，Loustarinen和Hellman（1993）对芬兰家族小企业的国际化进行了研究之后，提出了一个较完整的国际化过程模型。他们将国际化过程分为外向型国际化过程和内向型国际化过程，外向型国际化过程是指传统的"走出去"；内向型国际化过程则是指"引进来"，"引进来"具体涉及将原材料以及零部件从国外购买进来、引进技术或者用于再次销售的产品从国外引进来。他们的研究指出，在企业国际化的过程中应当重视内向型过程。

Bamberger和Evers（1994）的研究提出了一个五阶段的国际化过程模型。第一阶段，企业一般没有国际化的业务，也没有兴趣在未来开展出口业务，是国内导向型的企业；第二阶段，企业虽然没有国际

业务，但是在内外部环境的刺激下，企业已经做好在未来从事国际业务的准备；第三阶段，企业被动地进行国际化，可以从国际业务中获利，但是企业没有关于国际化的长期目标，总出口量较小；第四阶段，企业已经做好了国际化的准备，会主动地进行国际化；第五阶段，企业投入到国际化中，国际化的业务已经成为企业中不可缺少的组成部分，国外业务活动的占比较大，企业会将资源在国内和国外之间进行权衡分配。如表 2 -2 所示。

表 2 -2 其他国际化阶段模型

学者	年份	国际化阶段
Bilkey & Tesar	1977	不愿意、不感兴趣、产生兴趣、实践、有些经验的小出口商、经验丰富的大出口商，在各个新阶段，企业会投入相应的资源和能力
Czinkota	1982	
Czinkota & Johanston	1981	
Cavusgil	1980	国内营销、进入前出口、试验性地进入、积极投入和国际化战略
Loustarinen & Hellman	1993	从国外购买原材料及零部件、引进技术或者用于再次销售的产品。其研究指出，在企业国际化的过程中应当重视内向型过程
Luostarinen	1979	
Bamberger & Evers	1994	不感兴趣阶段；准备将来国际化阶段；被动国际化阶段；主动国际化阶段；国际化程度较高阶段。

资源来源：笔者整理。

通过以上的模型我们可以发现，这些学者都认为企业国际化是一个渐进的过程，通过渐进式的成长走向国际化。最初，企业可能只涉及一点国际业务，随着时间的推移和知识的积累，它们不断加大对国际业务的投入，这样它们能够克服作为“外来企业”的风险和劣势。

三、中小企业的国际化研究

随着全球化的进一步推进，许多中小企业积极加入国际化的浪潮中。一些学者也注意到，以往的企业国际化理论，一般是基于大型跨国企业的分析，基本忽视了中小企业甚至是新创企业的国际化行为，于是学者们关注了中小企业的国际化行为。Oviatt 和 McDougall（1994）在其研究中试图解释"国际新创"企业（又称为"天生全球化"企业）的形成机理，提出了国际创业理论。国际创业理论的提出，吸引了学者的普遍关注，也衍生出众多的小企业国际化理论模型。这里的国际新创企业是指企业创立之初就利用全球的资源与市场，来寻找企业的竞争优势。有四个因素使得这些企业进行国际化：由于资源的缺乏而进行低度的资产内部化、具有低成本的治理结构、具有区位优势来拥有和创造知识、通过直接或间接的手段来实现可持续性。Oviatt 和 McDougall（1994）认为，小企业一般是通过知识创造价值，普遍缺乏资源。由于国内市场竞争十分激烈，如果这些小企业完全聚焦国内市场，是不可能获得成功的。因此，这些企业与传统企业国际化的不同点在于，其从创立之初起就聚焦于国际市场，是国际化的企业，主要通过国际化控制资源，而不是拥有资产。

在新的市场条件下，企业之间的合作和联系比以前更加密切，企业国际化的进程进一步加快；同时，由于国际市场竞争的激烈性，以及战略联盟、合资企业进入方式的普及，企业一般不按照传统的渐进方式进入国际市场，并且每一个企业国际化的过程都有可能表现出与众不同的特点。许多学者从网络理论分析产业内企业的跨国经营行为，从而提出企业国际化的网络模型。Johanson 和 Mattsson（1988）的研究指出，任何企业都是处于一定的社会关系之中的，否则无法生存，这种社会关系就是企业的网络，企业的国际化过程则可以看作企业与其他国家企业发展网络关系的过程。Gilroy（1993）的研究指出，企业的特定优势在于拥有合适的国际生产网络，因为这使得企业可以更加有效地利用全球资源。Coviello 和 Munro（1997）的研究也指出，中小型计算机厂商受到资源不足的限制，一般会通过建立网络关系来进行国际化；同时，他们研究发现，国际化的正式和非正式网络关系的程度对国际市场的选择、进入方式以及产品

开发都有显著的影响。Johanson 和 Vahlne（2003）建立了国际化过程的网络模型，他们的研究指出，企业通过关系学习，在进入新国家市场之后，企业会在这些新的市场上进一步发展出新的关系，这样有机会进入其他国家市场。

四、企业国际化理论研究评述

通过上述理论研究成果的分析，目前关于企业国际化理论的研究主要集中在企业国际化的动机和过程中，这些理论研究可以使得我们更好地理解企业国际化的行为，并且对中国企业实施国际化的具体实践具有一定的现实指导意义。然而，当前关于企业国际化的研究还存在以下一些不足：①这些研究大都是基于西方发达国家的研究情境。研究成果对于解释发达国家企业向发展中国家、不发达国家拓展具有较强的解释力，但其对于当前出现的新现象：逆向国际化，即发展中国家企业向发达国家拓展，难以给出合理的解释和有效的指导。②当前研究主要集中于国际化动机、过程的研究，缺乏对企业国际化过程中相关能力的关注。毫无疑问，企业国际化的成功不仅取决于国际化的具体过程，更为关键的是，企业要在国际化的具体过程中构建相关的能力，而当前文献忽视了对这类问题的分析。对上述两方面理论缺陷的研究具有重要的贡献。近年来，中国企业逆向国际化的兴起，为这些理论空白的研究提供了良好的契机。中国是发展中国家，中国企业国际化过程中出现了成功和失败的案例，对这些案例的提炼和总结，可能会形成创新性的理论成果，并且中国情境也提供了开展实证研究的大量样本。因此，基于中国企业国际化，探讨企业国际化中的相关能力的形成机制，极有可能形成有较强创新性的、中国本土化的研究成果，从而促进企业国际化的理论研究。

第二节　动态能力相关文献

在企业的国际化进程中，会面临瞬息万变的环境，为了有效地应对国际环境的变化，企业需要具备相应的动态能力。随着20世纪90年代以资源为基础的企业策略的诞生，企业经营的重点逐渐由从企业所处的市场环境进行产业结构和产业竞争分析，转移至以企业内部的资源与能力作为策略制定的根据（Porter，1980；Prahalad & Hamel，1990；Wernerfelt，1984）。资源基础观的核心观点认为，企业是资源和能力的集合，而这些资源和能力是利润的根源以及制定长期策略的基础，组织如果想要适应快速变化的环境，必须具备改变既存能力的能力，即动态能力，才能适应环境的变化，使企业长期地生存下去。

一、动态能力的定义

将资源基础观点进一步延伸，就形成了动态能力的概念。其既考虑了时间演进的概念，也认为环境具有不断变化的特性。企业通过内部的整合，建立以及重组组织内外的各种技能、资源与能力，以适应变化的环境，从而避免核心能力存在刚性的问题（Leonard – Barton，1992；Teece et al.，1997）。在这样的背景下，基于前人的研究，Teece于1994年提出动态能力的概念，其是改变能力的能力，使企业整合、构建、重新配置内、外部能力来应对快速变化环境的能力。动态能力是指在既定路径和现有市场的定位基础之上，企业获得新的竞争优势的能力。Winter（2003）进一步对动态能力进行了说明，他的研究指出，能力是一个高层次的路径集合，整合了输入流程，同时给予组织管理一组决策选择，因此可以以特别的形态输出。也就是说，组织能力是一个能够产生一组新的决策能力的能力。Eisenardt 和 Martin（2000）也指出，动态能力是指企业为了满足或者适应市场的变化而利用资源的流程，主要包括获取资源、整合资源、将资源重新配置以及释放资源等方面。Zollo 和 Winter（2002）将动态能力看作一种学习与稳定的共同模式，组织系统地产生与修正运营条例，来追求更好的绩效。除此之外，动态能力来自于学习，从而使组织可以以系统化的方法来修正运营条例。沿用 Teece 等（1997）对于动态能力的定义，Zott（2003）将动态能力看作一组组织引导资源配置的条例或过程。此外，Teece 等（1997）认为，动态能力是由程序、定位与路径三者所构成的，组织能力镶嵌在组织流程之中，而组织程序受到企业的定位与演化路径的影响。综合以上学者的定义，可以看出，几乎所有的研究者都认为动态能力的出现和发展是为了应对外部不断变化的环境，具体如表 2 –3 所示。

表 2 –3 动态能力有关的定义

学者	年份	动态能力的定义
Teece et al.	1997	企业有能力来整合、建立和重新配置内部和外部事务，来满足快速变化环境的能力
Helfat	1997	允许企业创造新产品和流程，来回应不断变化的市场环境的能力
Eisenhardt & Martin	2000	企业使用资源的过程，特别是流程的整合、重新配置，获取和释放资源来满足市场的变化。是组织和策略的流程，通过企业实现新的资源配置
Griffith & Harvey	2001	一个全球性的动态能力是难以模仿创造的资源组合，包括有效地协调组织之间的关系，在全球基础之上，可以提供稳定的竞争优势
Zahra & George	2002	动态能力具有改变导向的能力，可以帮助企业重新配置其资源，来满足不断变化的客户需求，并和竞争对手进行竞争
Zollo & Winter	2002	动态能力是一种学习和稳定的集体活动模式，通过组织系统生成并修改其运作程序来提高效率的追求
Winter	2003	是扩大、修改或创造实质的能力

续表

学者	年份	动态能力的定义
Zott	2003	动态能力为内嵌在组织规则上的过程，引导企业资源配置与运营规则的发展
贺小刚等	2006	动态能力是企业通过学习以应对市场变化的能力，具有动态性、系统性和结构性特征
焦豪等	2008	动态能力是企业对所处产业变化的敏感性与识别能力，并在企业内部进行创新与变革，使企业具备技术柔韧度和组织柔性的能力
胡望斌等	2009	动态能力是组织动态适应环境变化的能力
Barreto	2010	动态能力是企业系统地解决问题的潜能，它通过感知机会和威胁，制定及时的、市场导向的决策和改变其资源基础的倾向而形成

资源来源：笔者整理。

二、动态能力的维度

Teece 等（1997）指出，动态能力的理论架构有三大构面，分别为企业的流程、定位和路径。流程是指企业在执行各项活动时，所应用的处事方式即规范，企业为了达成目标会使用各种规章及流程，使企业各个部门为达成目标而相互联结；定位是指企业所具备的技术技能、知识性资产、互补性资产、顾客群体与供应商和互补竞争者的对外关系，这些特殊资产可使企业做好竞争的准备；路径是指企业目前的策略选择是否存在报酬增加或伴随着路径依赖的特征，据此将其分为路径依赖性和技术性机会。

（一）流程

管理与组织的流程，是指组织做事的一贯方法，又称为组织常规。其于 20 世纪 90 年代初期受到学者们的关注。Hammer（1990）指出，组织流程是通过组织流程的联结，整合组织各部门活动来完成组织的各项任务。组织重组效率越高，表明企业的竞争能力越强。组织的流程有三种角色：协调/整合、学习、重整及转型。

（1）协调/整合。管理者必须协调或整合企业内部，做出有效率与效能的协调及整合。同时，不能只关注内部协调与整合，外部的协调与整合也相当重要，竞争优势需要整合外部活动和技术。解决问题的相关能力是组织中知识建立的基础，内外部的整合能力是动态绩效的关键因素以及企业动态能力的来源（Iansiti & Clark，1994）。当企业拥有许多有用的信息与知识但缺乏整合能力时，则无法获得竞争优势，企业需要有效整合内外部知识，才能将资源转化为企业的核心能力（Grant，1996b）。而企业内外部整合能力可以帮助其更新组织的动态能力，并提升组织开发新产品的绩效（Petroni，1998）。企业同时还可以将企业的竞争优势与能力进行整合，使企业创造出新的产品和流程，以应对市场的动态变化（Verona & Ravasi，2003）。

（2）学习。Teece 等（1994，1997）认为，学习是组织流程所扮演的第二个角色，学习本身也是一种流程，通过重复与实验，使任务的执行更加顺利并提高效率，也可以发现新的生产机会。由于动态能力理论分析的是企业，企业通过一次又一次的经验积累以及环境的监测，不断地修正组织现存的问题，可以不断地改善自身的问题，因此，这种学习即为组织学习。Huber（1991）认为，组织学习可以分为四个部分：知识获取、信息扩散、信息解释以及组织记忆。Nevis，DiBella 和 Gould（1996）将组织学习的过程整合成知识获取、知识分享以及知识的使用三个阶段。通过学者们的解释，可以看出组织学习是一种改进的流程，可以提高例行性工作的效率并改进技术，也是一种改进的结果，是组织知识的累积，可以使得组织不断应对环境的变化而进行调整。Zollo 和 Winter（2002）的研究指出，动态能力源自于组织学习，是经过经验累积、知识联结与编码过程的实际学习机制演化而来。Zott（2003）的研究指出，不是动态能力直接带来绩效，而是动态能力运用的时机、成本、学习的配置结果带来好的绩效。

（3）重整及转型。在动态能力的概念下，资源重新配置在动态能力中最关键（Collis，1994），企业需要经常运用这种能力，才能维持并进一步创造组织的独特能力。在快速变化的环境中，能够观察并且重新配置企业的资产结构，以完成内、外部需求的转换能力是非常重要并且有价值的（Amit & Schoemaker，1993）。因此，Teece 等（1994，1997）指出，重新配置资产结构的能力在快速变化的环境中是有价值的。

（二）定位

定位是指企业拥有的核心能力所具备的独特资产，具有价值性、稀有性、独特性以及不可替代性等，是企业竞争优势的来源。Teece 等（1997）认为，除了企业的流程外，企业的资产定位也决定了企业的竞争优势，他们进一步将企业独特性的资产分为以下几个方面：

（1）技术性资产。公司不容易被模仿的独特技术，以及公司是否具备保护其技术的能力。在动态的观点下，还包括技术在当时的情境下如何创造价值。这是企业独特的特殊技能或知识，企业凭借此资产与竞争对手区别开来。技术性资产之所以宝贵是因为在市场上交易技术是很困难的，并且企业也不愿意进行交易。

（2）互补性资产。位于生产过程中的各个阶段，这些资产或能力是企业在实施各项活动时所具备的，对其他活动也有帮助。主要指协助企业主要活动执行的相关资产以及能力，比如竞争力的制造和营销，以及培植企业上、下游渠道之间的关系。Helfat（1997）的研究显示，互补性技术知识、互补性实体资产与其他知识及资源对动态能力的累积具有正向的影响。Hitt，Dacin 等（2000）发现，互补的能力成为企业选择战略伙伴的标准之一。

（3）财务性资产。主要指企业短、长期的资金。资金状况的优劣对于企业来说是非常重要的。受到资产负债表影响的是企业短期现金活动，但对企业来说，长期现金流量更具有决定意义。

（4）名誉性资产。这是企业的利益相关者对于企业的影响力、价值与知识的评价。名誉是企业一种重要的无形资产，可以形成企业的持久竞争优势。由于企业内外部信息的不对称性，名誉对于企业的影响非常重要。

(5) 结构性资产。这是组织正式、非正式结构以及对外联结的组织结构，对创新的速度与方向具有重要的影响，不同形态的管理模式会导致不同的结构性资产。

(6) 制度性资产。政府的公共政策也是一个重要的因素，因此企业的运营与整体环境必须相互配合。制度性资产对企业的影响不是单一性的，由于不同国家或者不同地理位置具有不同的制度或者政策，企业也具有不同的制度资产。因此，如果一个国家的地域或国家政策、制度有利于企业经营，企业就会拥有较高水平的制度资产。

(7) 市场性资产。表示产品在市场中的定位，虽然市场位置很重要，但在技术快速变化的情况下，市场位置容易改变，因此对企业来说不是决定性的。市场性资产表现为市场占有率，也会影响企业的创新方向、定位与表现。

(8) 组织边界。主要是指企业整合的程度，包括垂直和水平的整合。企业组织边界的界定与所包含的关键技术以及互补性资产有关。

(三) 路径

Teece 等 (1997) 定义“路径”为企业从过去到现在经营的轨迹，并将路径的意义归纳为路径相依性与技术机会。①路径相依性，是指企业会根据过去所经历的过程来对未来决策产生影响。Teece 等认为，企业当前做的是现有的定位与过去路径的函数，现在的位置由过去所经历的路径所组成。换句话说，组织过去的历史是重要的，过去的投资和规则是限制、影响组织未来决策和行动的重要因素之一。King 和 Tucci (2002) 的研究发现，先前市场的经验会增加企业进入另一个新市场的可能性。②技术机会，是指企业过去的科技机会将影响企业未来在某种特定领域之中的绩效。企业的技术机会不一定完全来自于外部，也可能产生于企业所从事的产品开发活动或创新活动之中。为了避免遭受其他领域技术机会的攻击，企业除了自身所在的领域，也应该发展不同领域的技术机会 (Bishop & Wiseman, 1999)。

动态能力是资源基础观的延伸，组织积累了大量独特的有形资产和无形资产并将其资源转化为能力（Barney，1991；Wernerflet，1984）。主要指企业受到组织的定位以及过去的路径的影响，而采取的协调、整合及学习的流程，同时将本身具有的资源与能力进行调整；强调的是在环境改变的情况下，企业需要建立、整合以及重组企业的资源及能力。在快速变化的环境下，组织必须学习以往经验中的知识，不断地将来自内外部环境的信息、刺激，通过选择、复制以及保留的流程，促进组织保持与时俱进的能力，并正确地适应环境的变化（Fiol & Lyles，1985；Easterbby - Smith，Lyles & Peteraf，2009）。另外，从资源为基础的观点来说，不同企业的资源和能力有很大的差异，包括有形和无形的资源与能力。企业必须不断地创造并更新企业的独特资源，并进一步通过整合以适应组织内外部的变化。也就是说，企业能力必须随时更新来满足环境变化的需要，并保持其竞争优势（Teece et al. ，1997）。

第三节　企业的营销动态能力

虽然从1999年开始，一些学者不约而同地关注了动态能力在营销领域里的应用，但从目前的研究结果来看，研究的深度和广度还远远不够。在EBSCO数据库中，从1999年到2019年6月，共有58篇与营销动态能力相关的文献。从国内的研究情况来看，以营销动态能力为关键词在中国期刊全文数据库（CNKI）中进行搜索，从1999年到2019年6月，共检索到题名或者摘要中包含“营销动态能力、动态营销能力”的相关文献120篇。下面分别对营销动态能力的起源、基本概念及研究方法、营销动态能力的作用进行梳理。

一、缘起

资源基础视角（Resource - based View，RBV），曾经在战略理论中占有绝对的主导地位（Newbert，2007），强调了企业内部的独特资源和能力是企业竞争优势的源泉，许多营销学者都把资源基础视角看作是营销的理论核心（Day & Vanden Bulte，2002）。但也有学者认为，资源基础视角中对资源的定义过于宽泛并且累赘（Priem & Butler，2001）。其研究的重点在于应该区别什么是“静态”资源，并且强调资源和能力对创造竞争优势的作用。这个时期也产生了基于资源学派的核心竞争力理论（Prahalad & Hamel，1990），该理论指出：企业竞争优势的来源是由于企业具备稀缺的、不可替代的、有价值的和难以模仿的核心能力。鉴于市场环境是动态变化的，会对企业的资源和能力造成影响，最终改变其创造竞争优势的价值。因此，出现了同一个行业内部的不同企业之间会出现绩效差异的现象，企业战略的横截面研究已经不能满足企业发展的需要，应该对成功企业的战略进行纵向的研究（Porter，1980）。

随着企业环境变得越来越复杂和不确定，迫切需要使用新的理论来指导其竞争行为，于是，1997 年，Teece 等提出了动态能力的概念，这引起了学术界的关注。动态能力是学者们为了解释企业如何在动态的环境下保持竞争优势而提出来的，随之发展起来的是一个新的战略管理流派——动态能力理论学派。由于是一个新的理论，动态能力理论目前仍然处于发展和演进之中。通过对 EBSCO 数据库搜索1998 ~ 2019 年的学术论文，共有 4712 篇使用动态能力概念的论文进行研究，其中标题含有动态能力的有 1202 篇，并且从 2006 年以后，这个领域的研究以每年 100 篇以上的论文数量不断增加。通过从 1997 年到 2019 年 6 月，以动态能力为主题对中国期刊网全文数据库（CNKI）进行搜索，共检索到 1861 篇相关文献，其中题名中含有“动态能力”的相关文献 699 篇，摘要中含有“动态能力”的相关文献 1208 篇。

与此同时，营销学者也在积极探讨如何在动荡的市场环境中获取竞争优势，由于客户的偏好以及企业面临的环境在不断地变化，如何在动态的情境中理解营销能力就变得非常重要（Foley et al.，2005）。学者们将动态能力理论与企业营销战略进行结合，提出了营销动态能力的概念。

（一）营销动态能力的形成基础

沿着文献脉络进行梳理，营销动态能力形成的基础的研究视角主要分成两类：资源基础视角和认知视角。国外现有的文献基本都是从资源视角来研究，有少量研究从认知视角来研究。

基于资源视角的营销动态能力形成。目前已有的研究文献研究了有形资源和无形资源对营销动态能力的影响，前期研究主要侧重于有形资源对营销动态能力的影响（Fang & Zou，2009）；当前研究的重点转向探讨无形资源对营销动态能力的影响，并且分析视角从静态向动态转变。Kor 和 Mahoney（2005）以科技创业公司为样本，检验了动态、管理、研发和营销资源部署和治理对企业层面经济绩效的影响。结果发现，对营销持续地投资，是一个持久竞争优势的来源。Lee 等（2011）的研究发现，客户知识和客户计划影响了营销计划的实施，进一步影响公司业绩。Bruni 和 Verona（2009）调查了市场知识如何使以科学为基础的公司受益。Fang 和 Zou（2009）的研究发现，营销动态能力受到国际合资企业资源的大小、资源的互补性、组织文化和组织结构的影响。Danneels（2008）着重于研究动态能力在营销方面的二阶能力：开拓新市场的能力。

基于认知视角的营销动态能力形成。认知视角是近几年在动态能力研究领域新兴起的一个新的视角，主要从组织认知、管理者认知、员工认知等几个方面探讨其对动态能力形成与发展的影响。对应到营销动态能力的影响方面，Rodenbach 等（2012）的研究指出，CEO 的经验可以显著改善或降低动态营销和研发能力。许晖等（2012）的研究指出，管理者国际化认知包括国际注意力和文化智力，是影响营销

动态能力形成的重要因素，并影响企业能力演化的能力形成、能力提升和能力转移三个阶段，进而提出了管理者国际化认知与营销动态能力演化过程的作用关系模型。李巍等（2012）基于制度理论的视角，从管制、规范和文化认知三大系统中提炼出相关制度因素，并通过对四川长虹国际化进程的案例分析，考察了在不同国际化阶段下该企业影响国际营销动态能力的关键因素。

（二）营销动态能力形成的过程

目前，主要有学习驱动观和整合组织观两种观点来说明营销动态能力形成的过程。

基于学习驱动观，学习机制是企业营销动态能力重要的影响因素。不同利益群体的联盟、合作等会影响企业的学习过程，也就是单路、双路、三环路的过程，并且可以进一步决定动态营销能力的本质，即增强、更新和再生的能力（Evers et al.，2012）。学习过程同时也是知识的吸收、转化、传播和应用的过程，这一系列的过程对营销动态能力的产品开发管理、供应链管理和客户关系管理三大流程具有重要的影响（许晖，2011）。探讨重复实践、吸取过去的错误经验（Eisenhardt Martin，2003），解释知识的过程（如集体讨论或绩效评价的过程），知识编码的过程，如手册等（Zollo 和 Winter，2002）深思熟虑的认知过程，试错行为、即兴发挥和模仿（Zahra 等，2006）等学习机制，这些前因变量如何影响动态能力的演化与学习过程保持一致。

从整合组织观看，营销动态能力是一种组织的能力，通过创造、利用和整合市场知识及其营销资源，促使企业适应市场和技术变化的能力（Bruni & Verona，2009）。营销动态能力构建所必需的三种能力，即反应能力、关系能力及创新能力，企业需要在其共同作用下，发展三种能力：从外向内、从内向外、内外结合，从而创造良好的营销绩效（赵燕华，2012）。

综合学习驱动观和整合组织观看，这些研究都有一个假设前提，即管理者需要在企业的营销领域中将日光聚焦于人、技术和流程，并关注其之间的互动来发展营销动态能力，从而通过发展营销动态能力来实现或保持其可持续的竞争优势。

二、界定

表2-4显示了营销管理领域中学者们关于营销动态能力的定义，从中可以看出营销动态能力的定义既存在着差异性，同时也具备很多相同点。现有研究表明，该领域的研究还处于起步阶段，在很多方面还很不成熟，对营销动态能力的认识还没有达成统一。

表2-4 营销动态能力有关的定义

学者	年份	概念	定义
Srivastava er al.	1999	营销特定能力	营销特定能力是存在于商业流程中的子流程，包括产品开发管理流程、客户关系管理流程和供应链管理流程，来整合企业的有形及无形资产以创造顾客价值和利益相关者价值
Subba Narasimha	2001	营销动态竞争力	营销动态竞争力是通过塑造和提升企业的认知能力以掌握市场和消费特点变化的能力
Srivastava et al.	2001	市场基础性动态能力	市场基础性资产通过面向市场的核心商业流程，发挥其杠杆作用，从而传递卓越的顾客价值，为企业创造竞争优势
Foley，Vorhies 和 Bush	2005	动态营销能力	动态营销能力是指一种企业的过程或惯例，它使企业能够充分地进行营销从而满足顾客的偏好、适应经济及其他环境的变化
Vorhies 和 Morgan	2005	市场基础性动态能力	市场基础性动态能力是指一些组织流程，企业可以通过这些组织流程系统地将市场信息加以应用，并提升或更新现存的组织能力
Linda，Douglas & Victoria	2005	动态营销能力	动态营销能力是指一种企业的过程和惯例，企业及时地调整及变化这种能力来满足顾客的偏好、适应经济及其他环境条件的变化

续表

学者	年份	概念	定义
Bruni 和 Verona	2009	动态营销能力	动态营销能力是指企业适应市场和技术变化的能力，可以通过创造、利用和整合市场知识及营销资源来实现
Morgan, Vorhies & Mason	2009	营销动态能力	营销动态能力由三种能力组成，分别为：市场感知能力、品牌管理能力和顾客关系管理能力
Fang & Zou	2009	营销动态能力	营销动态能力是动态能力的类型之一，是企业创造和传递顾客价值的跨部门商业流程的反应速度和效率来应对市场的变化
韩德昌、韩永强	2010	动态营销能力	适应市场环境变化的一种能力即是动态营销能力；是企业为了传递优异顾客价值的产品或服务，将其营销资源和营销能力转化为产出的一种组织过程；对动态营销能力来说，市场知识和组织学习的研究意义重大；与一般的动态能力相区别的就是，动态营销能力聚焦于对顾客价值的关注
许晖等	2011	营销动态能力	营销动态能力是指企业为了创造和传递客户价值，对营销相关资产和知识进行动态整合和配置，并最终获得和维持竞争优势的高反应速度和高效率的组织流程

资料来源：笔者整理。

（一）主要分歧

在名称上，营销动态能力的叫法也是不同的。Foley 等（2005）、Bruni 和 Verona（2009）以及韩德昌和韩永强（2010）称为动态营销能力；Vorhies 和 Morgan（2005）称为市场基础性动态能力；Fang 和 Zou（2009）、许晖等（2011）称为营销动态能力。Akkrawimut 和 Ussahawanitchakit（2011）称其为动态全球营销策略，作为公司能力的一种，其可以在快速变化的环境中整合、构建、更新和调整核心竞争力。Rodenbach 和 Brettel（2012）定义动态营销能力是动态能力的一种。

在性质上，营销动态能力既有定义成能力的，也有定义成流程或惯例的，还有将这两种观点进行整合，提出综合的观点的。比如，Foley，Vorhies 和 Bush（2005）的定义就是动态营销能力是企业的过程或者惯例。Vorhies 和 Morgan（2005）的定义是组织流程。Bruni 和 Verona（2009）则将动态营销能力视为能力。Akkrawimut 和 Ussahawanitchakit（2011）将动态全球营销策略作为公司能力的一种。Fang 和 Zou（2009）将营销动态能力视为动态能力的类型之一，并将其定义为特殊和异质的跨部门商业流程。韩德昌和韩永强（2010）综合前人的观点，提出动态营销能力是能力，也是过程。许晖等（2011）也将营销动态能力定义为流程。

（二）共识

表 2－4 关于营销动态能力的定义达成了一些共识，比如：营销动态能力是改变资源基础的能力，是高阶能力；营销动态能力作为能力，必须是企业一贯的流程和惯例，是即兴发挥的流程，其形成与发展的过程具有路径依赖性，营销动态能力的认知成分逐渐得到重视。

营销动态能力是高阶能力。Collis 于 1994 年提出了能力层级性现象，而 Bruni 和 Verona（2009）提出动态营销能力是企业适应市场和技术变化的能力，是指创造、利用以及整合市场知识和营销资源；Danneels（2008）指出，营销动态能力是开拓新市场的能力，是一种构建新能力的能力。Fang 和 Zou（2009）的研究则进一步指出，营销动态能力是动态能力的一种，是指企业在应对市场变化时，创造和传递顾客价值的跨部门商业流程的反应速度和效率。营销动态能力的形成与发展具有路径演化性，Evers 等（2012）从学习的视角探讨了不同利益群体联盟、合作等影响公司的学习过程单路、双路、三环路，并且可以进一步决定动态营销能力的本质增加、更新和再生，从而为国际新合作企业提供了一个动态的、过程导向的模型。Foley 等（2005）的研究指出，动态营销能力是企业为了满足客户的偏好、适应经济及其他环境条件的变化，而进行充分调整的能力，是企业的一种过程或惯例。Linda，Douglas 和 Victoria（2005）的研究也进一步指出，动态营销能力是指一种企业的过程和惯例，企业及时地调整及变化这种能力以满足顾客的偏好、适应经济及其他环境条件的变化。

三、维度

（一）Maklan 等（2009）的四维度论

在将动态能力应用于顾客关系管理的研究时，Maklan 等（2009）利用内容分析法指出了营销动态能力有四个构成要素：①需求管理，这个要素形成了商品和服务的内容；②创造营销知识，形成于企业内部并传播有关客户、市场、竞争对手、环境、渠道等的知识；③建立品牌，也就是建立并保护产品、服务以及品牌；④客户关系管理，即企业如何对客户关系进行管理。同时，结合营销的相关研究文献，Maklan 等（2009）进一步提出了三种类型的影响关系，这三种类型的营销关系与四个构成要素相结合，从而形成了营销动态能力的框架概念。如表 2－5 所示。

表 2－5 营销动态能力的概念框架

	交易型关系	一对一关系	网络关系
需求管理	销售	终生价值	共同创造价值
创造营销知识	市场细分	个人顾客需求和购买风格	关键网络参与者与塑造者
建立品牌	产品和服务品牌	公司品牌	网络能力
客户关系管理	契约型、标准型的顾客应对	差异化、定制化或协调式	自我管理型顾客在线使用知识技巧

资源来源：笔者整理。

（二）Bruni 等（2009）的三维度论

以美国和欧盟的六家制药企业为研究对象，Bruni 等（2009）通过对相关案例进行研究并提出了营销动态能力构念，同时基于新产品开发和产品重构过程的角度，指出了营销动态能力的构成要素。他们认为，有三个要素构成了营销动态能力，即人力资本、社会资本和管理信念，为了满足市场和技术的变化，企业使用这些要素来创造、使用以及整合市场知识和营销资源。人力资本是指企业的市场分析人员、营销管理者、产品管理者以及研发部门的工作人员。社会资本是指相关的内部联系和外部联系；内部联系主要指营销部门和销售部门人员之间的联系、企业总部和子公司员工之间的联系；外部联系主要指企业与产品使用的意见领袖之间的联系、企业与咨询公司、研发机构等的联系等。管理信念是指对未来市场趋势有一个共同的信念和新产品对市场的影响有一个共同的信念，这些信念会通过高层管理团队和营销人员进行扩散，等等。

（三）Fang 和 Zou（2009）的三维度论

Fang 和 Zou（2009）以进入我国的合资企业为研究对象，采用实证分析的方法，对营销动态能力做出了具体的界定，即“企业为了应对市场变化，而创造并传递顾客价值的跨部门商业流程的反应速度和效率”，其进一步指出营销动态能力的三个维度是产品开发管理、客户关系管理和供应链管理三类跨部门的商业流程。产品开发管理是指确定客户需求、设计暂时的新产品解决方案，制造产品并协调各部门之间的关系，目的是研发和制造产品以满足最大化客户价值和利益的跨部门流程；客户关系管理是指获取和分配客户信息、建立和维持客户及渠道成员关系，以及给客户提供售后服务和支持的跨部门流程，目的是了解他们的需求以及怎样更好地满足他们的需求。供应链管理是指选择和评估潜在供应商、建立并管理输入和输出物流、产品/解决方案的装配工作流程设计，主要是设计、管理并整合从供应商到消费者整个供应链的跨部门商业流程。

（四）赵燕华（2012）的三维度论

赵燕华（2012）基于整合营销传播理论，通过对环境动荡的识别，提出动态营销能力构建所必需的反应能力、关系能力及创新能力。反应能力是指企业在面临市场环境变动时，能够迅速感知并且可以有效进行转移及调动资源的能力，主要包括迅速感知和迅速反应的能力。前者是指通过信息的不断收集，企业能够预测企业内外部环境的变化，从而有效地识别其面临的机会与威胁。后者是指在环境变化的时候，各个职能部门之间具有相同的认识，可以迅速做出反应协调行动。关系能力是指企业能够有效地处理与各种利益相关者关系的能力。企业创新能力是企业支持创新战略的一系列综合特征。基于三种能力的共同作用，企业需要发展三种能力：由外向内、由内向外、内外结合，创造并实现利益相关者价值最大化，最后获得良好的营销绩效。

（五）许晖、纪春礼（2011）的四维度论

参照 Lehmann 等（1997）提出的信息使用与调研流程，以及 Fang 和 Zou（2009）的研究成果，许晖、纪春礼（2011）提出，营销动态能力包括了产品开发管理流程、供应链管理流程、顾客关系管理流程和市场调研与信息使用流程。这四个流程都与营销有着密切的联系，直接决定了企业创造和传递客户价值的速度和效率；而四个流程也不完全属于企业的营销职能，但是营销的理念被放在流程之中，起到了引导的作用，且每个流程之间也相互联系、相互作用，共同创造和传递客户价值。

由于本书研究的是中国企业逆向国际化的问题，综合前人的研究，将采用 Fang 和 Zou（2009）的维度划分，因为其反映了企业在国际市场上的营销动态能力，且大多研究国际化企业的营销动态能力均采用此维度划分。

四、营销动态能力的作用

目前研究关于营销动态能力的作用机制和作用过程，也就是其如何作用的还不多，现有研究主要聚焦于其作用的结果，一般是研究其对绩效、竞争优势的影响，且大多数结论都是具有正向的影响。Evers 等（2012）指出，不同利益群体结盟、合作、中立可以影响公司的学习过程单路、双路、三环路，并且可以决定动态营销能力的本质增量，更新和再生，来创造和维持国际竞争优势。Ali S. 等（2010）指出，基于营销导向和学习导向的动态能力通过影响可持续性竞争能力进一步影响公司绩效。Siguaw 等（2010）开发了一个全面的框架，其中包括集中于市场的能力通过影响创新结果来影响公司绩效，比如市场地位、运营效率和金融绩效。Bruni 和 Verona（2009）指出，动态营销能力的不同使得高科技公司的绩效具有异质性。Fang 和 Zou（2009）研究调查了营销动态能力在国际合资企业中的发展，同时探讨了其对国际合资企业的绩效和竞争优势有正向的影响。郭净（2012）研究了营销动态能力与企业国际化绩效之间的关系，通过综合营销动态能力、竞争战略和竞争优势以及国际化绩效等相关的研究成果，进一步指出，营销动态能力通过影响企业的战略制定和执行，最终影响企业的国际化绩效。李巍等（2017）的研究指出，营销动态能力对技术驱动型营销创新与市场驱动型营销创新均有显著作用。

营销动态能力领域的研究经过几年的发展，成果逐渐丰富起来，也出现了一些共识，如营销动态能力作为动态能力的二阶能力，是比较高阶的能力；动态能力作为能力，一般是惯例化的稳定模式行为，不是即兴发挥的流程，所以其形成与发展的过程都具有路径依赖性；营销动态能力的认知成分也日益得到重视。但营销动态能力的分歧也很明显，说明该领域的研究还处于刚起步的阶段，还很不成熟。

第四节　知识管理与市场知识获取

Barney（1991）提出了资源基础理论，该理论认为企业具有竞争优势是由于企业拥有有价值的、稀缺的、难以模仿的和不可替代的异质性资源。Conner 于 1991 年将资源基础理论与产业经济学的五种传统理论进行了对比，资源基础观正发展成为企业理论之一。然而，资源基础观没有考虑企业内部的因素，把企业看作一只黑箱，对于资源如何发展为竞争优势是难以解释的（Mosakowski & McKelvey，1997）。因此，企业只掌握有价值的、稀缺的、难以模仿的和不可替代的资源是不足的，需要具有进一步开发和利用资源的能力，通过资源的开发和利用来获得资源的潜在价值（Peteraf，1993；Prahalad & Hamel，1990）。

同时，许多学者也批评，资源是一个泛泛的概念，企业很多资产，包括有形的和无形的资产都属于资源的范畴（Wemerfelt，1984），但并不是所有的资源都可以给企业带来竞争优势。McEvily 和 Chakravarthy（2002）的研究指出，知识作为独特的资源使得企业获得竞争优势并实现差异化，Galunic 和 Eisenhardt（1994）发现知识可以增强创业能力。McGrath 等（1996）指出，知识可以提升企业绩效。鉴于知识在许多方面都起到了关键性的作用，许多学者渐渐将知识看作企业竞争优势的来源，因此产生了知识观理论。

一、知识的定义与分类

（一）知识的定义

随着知识观理论的进一步发展，越来越多的学者开始聚焦于企业内部的知识问题，由此也开展了许多以知识为对象的研究，同时对知识管理的研究开始成为企业管理研究的一个重要领域。其实有关知识的研究古已有之。在古希腊时期，哲学家柏拉图就指出：知识就是被检验过的真实的信念。之后，不同学派的哲学家对知识的定义也不尽相同。在管理学领域，知识的概念很宽泛，也很复杂和抽象，并且也很模糊。不同的学者基于不同的角度对知识进行了定义，主要有以下几种：许多学者认为知识就是信息。比如，Drucker（1993）认为，知识是指能够改变人或者事物的信息。Leonard 和 Sensiper（1998）的研究指出，知识是信息，其是相关的、可以用作行动的，其中某些部分是基于经验而得来的；知识也是信息的一个子集，它是具有默会性的、主观的和有意识的行为。而 Nonaka（1994）的研究进一步指出，知识作为一种被确认了的信念，其创造、组织和传递均是通过知识的持有方和接收方的信念模式，以及相关的约束进行。其中，组织在传递知识的时候，也传递出与之相关的一整套文化和背景系统。而另一些学者则从信息、数据和知识概念的区别与联系角度来定义知识。Bhagat 等（2002）的研究指出，知识通过不相关的信息变化、重构、创造来得出，会比信息或数据更深、更广、更丰富。还有的学者从综合的角度定义知识。Davenport 和 Prusak（1998）研究指出，知识是一个综合体，可以通过提供一个框架来评价和整合新的经历及心得，知识同时是以往的经历、重要的价值观、情境化的信息。Alavi 和 Leidner（2001）基于五个不同的知识管理观点，对知识进行了比较全面的界定。第一，从心理状态的观点看，知识是人类的一种认知和理解力的状态；第二，从对象的观点来看，知识是一种可以操作的对象，并且可以被任意地增加、储存及应用；第三，从流程的观点来看，知识是可以将专业技术充分利用起来的一种管理流程；第四，从信息获取的观点来看，知识是个人及团队有效获取信息的一种状态；第五，从能力的观点看，知识具有影响行动和决策的能力。

总结以上的定义可以发现，大部分学者在这些方面已经达成共识，即认为知识具有默会性、实践性、情境性，强调知识是与价值观相联

系的。要想全面给出知识的定义是比较困难的。通过各个学者对知识的定义，可以看出，知识具有以下属性：知识根植于认知者及其认知的实践，认知者在使用已经拥有知识的同时，也创造了个人知识和不自觉的集体性的知识，而其认知的环境也通过创造知识被积极创造出来。因此，从本质上看，知识是一个动态的概念，它与认知者具体的实践过程以及认知者与环境互动的实践相联系。同时，知识是认知者对实践认知的结果，是对其自身、认知环境以及二者互动的认知，可诠释、可传递。这些结论为我们正确认识知识奠定了基础。

（二）知识的分类

由于学者们对知识具有不同的认识，造成了知识的分类也是不同的。基于目前已有的文献，学者们常用的划分标准有：知识获取与转移的难易程度；知识的载体；知识的用途；等等。值得注意的是，有些情况下，很多学者可能会同时参考上述两个或两个以上的维度划分知识类型。比如，Hedlund（1994）就是根据知识获取或转移的难易程度以及知识的载体这两个维度的互动将知识进行分类的。

1. 基于知识获取与转移的难易程度所划分的知识类型

Polanyi（1997）最早提出显性知识和隐性知识的划分，这是基于知识的显性和隐性两个维度划分的。显性知识是指可以通过使用语言、图表等辅助工具而明确表达的知识，可以被人们整理和组织，比如文件、产品外观、数据库、公式和计算机程序等形式。隐性知识经常以个人的直觉、实践经验、团队的默契、技术诀窍、主观的洞察力和预感等形式而存在，是一种高度个人化的经验性知识，因此很难或无法明确表达，“只可意会，不可言传”。传统上的“师徒制”就是在传递这样的知识，因为对于这些复杂的隐性知识来说，其主要来源是个体的经验和技能，因此需要通过传授者的积极参与，通过加强知识传播者和接受者面对面的沟通和交流，通过理解、隐喻以及实践等多种手段的综合使用才能有效地获取这样的知识。

日本管理学家野中郁次郎等（1995，2000）提出了内隐知识与外显知识两种类型的知识划分，同时他们更强调内隐知识在组织中所发挥的作用。他们的研究指出，内隐知识是深深地嵌入到组织的行为、程序、惯例、价值观和情感中的，也深深地根植于对人类身心的综合认知中。所以，隐性知识很难在人与人之间进行交流与沟通，需要将知识转换为显性知识才能更好地被传递。在内隐知识与外显知识的分类基础之上，Maula（2000）进一步将外显知识划分为外显并且结构化程度高的知识和外显并且结构化程度低的知识。前者是指已经归类的、正式的知识，比如信息系统、多媒体、手册及文件等；相应地，后者指未归类的、非正式的知识，比如非结构化的个体元素，内部网络社交群体的讨论、电子邮件的沟通等。从目前现有的文献来看，这种分类使用得较多。

2. 基于知识的载体所划分的知识类型

任何一种知识，都需要依赖于某种特定的载体。以往的研究表明，知识的载体可以分为个体、群体和组织。因此，相应地，就有三种类型的知识出现：个体知识、群体知识和组织知识（Nelson & Winter，1982；Nonaka，1991，1994；Nonaka & Konno，1998）。如果将研究范围进一步扩大到组织间，则还有组织间的知识（Kogut & Zander，1992）。个体知识是指由个体单独积累和创造的，储存于单个个体的头脑中。既包括专业技术知识、技巧、发明或专利等，又包括个人的生活常识和人生经验，还包括思想观和价值观。因此，这种知识的默会性很高，与个体本身的习惯及其周围的环境有很大关联，是难以言传的知识，一般通过“干中学”的亲身实践才能够获得。群体知识又称为团队知识，是团队成员共享的个体知识，既包括团队开始创立时由个体转化而来的知识，又包括团队在完成任务的过程中产生的新知识，同时还有从团队以外的人员处获得的知识（Zander & Kogut，1995）。组织知识是指组织成员所共享的知识，其根植于组织的惯例，与组织的历史经验相关，主要包括组织的管理制度、运营的规则、程序、习惯和核心技术（Nelson & Winter，1982）。这些知识是在组织的发展过程中逐步积累起来的，在组织成员之间共享，具有较强的路径依赖性和难以模仿性。

3. 基于知识的用途所划分的知识类型

OECD（1996）基于知识的用途将知识分为知道为什么（Know - why）、知道是什么（Know - what）、知道怎样做（Know - how）、知道是谁（Know - who）四类。具体而言，知道为什么的知识是指规律性的知识，是通过学习的过程来创造的（Dutton & Thomas，1985），这类知识通常支撑了产业内部技术的发展，一般由专门的科研机构或者大学来完成。知道是什么的知识一般是指有关事实方面的知识，其通过具体的使用过程来创造（Rosenberg，1982）。这类知识通常被称为信息，容易储存和传播，在某些领域，需要掌握此类知识才能完成工作。知道怎样做的知识是指把知识转化为具体的行动，并在实践中应用，包括做某些事情的技能、经验、诀窍和能力等，是通过干中学的过程创造的（Arrow，1962），一般为内隐知识，是组织保持竞争优势的来源之一。知道是谁的知识是指谁知道和谁知道怎样做某些事情的信息，具体包括特定的人力资源和社会网络等方面的知识，人们拥有这种知识可以接触到有关专家并对他们的知识加以有效利用。Know - what 和 Know - why 这两类知识属于容易观察、转移和使用的知识，易于编码，系统嵌入性和路径依赖性较低；而 Know - how 和 Know - who 这两类知识属于难以观察和编码的知识，相对地难以转移和使用，系统嵌入性和路径依赖性较高。

4. 基于知识的作用维度划分的知识类型

基于对罗马航空产业集群的研究，Sammarra 和 Biggiero（2008）考察了三种不同类型的知识，也就是技术知识、管理知识和市场知识，同时分析了这些知识如何在创新网络合作伙伴之间进行交易与整合，从而最终如何促进创新。在他们的研究中，技术知识是指相对于产品和流程的开发与实施来说，所需要的技巧和能力。这类知识可以促进企业进行技术变革，从而及时应对快速变化的技术环境，具体分为科学性知识、应用性知识以及实验性知识（Howells et al.，2003）。管理知识是指为了有效地协调和监督组织资源和流程，企业所需要的特定的能力和技巧，具体包括运营和应用性的知识以及更为抽象的、复杂的知识，也包括了对供应链进行管理的技能、对人力资源进行管理的技巧、具备的营销专业知识等。市场知识是指有关客户和组织在市场中所拥有的组织化和结构化的信息（Li & Calantone，1998）。具体来说，包括客户的特征、偏好和需求等方面的知识。但由于市场交易的特点，一般通过市场而获取的知识往往是高度编码化的，也就是显性的知识，但同时可能也具有特定的隐性知识，比如客户的偏好等。

基于知识作用的分类方法比较具体，它突出了知识所具有的特定属性和作用。一般在研究国际合资企业知识转移时使用较多。本书“走出去”倡议就是建立在这种知识分类的基础上，重点研究市场知识对中国企业国际化过程中的营销动态能力的影响。既涉及客户知识，也涉及竞争对手的知识。

二、市场知识的内涵与来源

营销管理研究一直持续地关注市场和客户，二者是企业获取利润的最终来源，因此与市场相关的知识是企业的关键知识资源之一。许多学者都认同市场知识决定了企业的各种管理决策与组织活动。但因为知识管理方面的研究起步较晚，许多学者也在积极探索市场知识的定义与概念，对此没有形成一个统一的概念。不管怎样，对市场知识进行管理方面的研究一直是营销领域中的研究重点之一。

（一）市场知识的内涵

对市场知识的研究最早出现于市场营销理论之中的“营销观念”的研究。Kotler 的研究指出，有六种竞争观念指导组织从事营销活动。这六种竞争观念是：生产观念、产品观念、推销观念、营销观念、顾客观念以及社会营销观念。六种观念中的营销观念认为，组织目标的实现依靠对目标市场的需要的了解，并且比竞争对手能更有效地满足目标市场所期望的东西，这对以前的各种观念提出了挑战。McNamara

（1972）将营销观念定义为一种经营管理哲学，企业要以顾客和利润为导向。与此同时，该研究指出，营销在联结市场和企业所有部门活动中起着重要的作用。随后 Drucker（1985）在探讨公司的新产品开发时认为，市场信息能够扮演关键性的角色，并且将顾客、竞争者以及公司内部的技术相结合。Houston（1986）认为，营销观念是对顾客需求的理解，并且为了满足顾客的需求来调整营销组合各个要素的意愿。这些定义的共同点是，营销观念将顾客置于重要的位置，并且强调应该主动满足顾客的需求。尽管这一时期对营销的内容有所涉及，但市场知识并没有作为一个单独的概念被提出，只在研究中包含了对市场知识进行管理的内容。后来的研究将市场知识等同于市场信息，Huber（1991）、Moorman 与 Miner（1997）等的观点一致认为，市场知识是通过获取知识、传播并解释信息以及组织记忆过程而形成的市场信息。20 世纪 90 年代初期，Kohli 与 Jawoski（1990）、Narver 与 Slater（1990）做了市场导向方面的研究，学者们开始对市场知识有了更深入的理解。从 Kohli 和 Jawoski（1990）的研究可以看出，市场知识不再是单纯地满足顾客需求的观点，而是对市场信息的收集、传播与响应活动，这样企业就在如何满足顾客需求方面有了方向。Day（1994）在前人研究的基础上进一步拓展了市场情报的收集范围，是指与市场相关的信息，具体包括宏观环境的机会与威胁、市场趋势预测、顾客目前及未来潜在需求、竞争者的行为及意图等。Hunt 与 Morgan（1995）的研究也明确指出了顾客和竞争者的信息应包括在市场情报的收集范围之中。从这一时期的研究可以看出，关于市场导向的研究与市场知识已经非常接近，其拓展了原有营销观念中的市场知识范围，覆盖了市场中的大多数领域。但是，这一时期学者们并没有明确的意识到，市场导向行为的本质就是对市场知识的管理，所以研究只局限在如何处理一般的信息上。

从 20 世纪末开始，人们开始逐渐关注知识，并将其作为一个独立的研究命题。因此，这一时期对知识的研究也逐渐清晰起来。这使得人们能够更加清晰地理解市场知识的概念与范围。Srivastava 等

(1999) 的研究指出，营销嵌入在产品开发管理、客户关系管理和供应链管理三个过程中。Hanvanich 等 (2003) 在此基础上，认为这三个过程构成了基本的营销行为，市场知识是指产品开发管理、客户关系管理和供应链管理三者的集成知识。Debra 等 (2004) 的研究指出，新产品研发过程中需要使用相关的信息，不仅包含企业内部也包括企业外部的客户、竞争者、法律法规等信息。市场信息不仅帮助企业了解现有产品及其市场上的定位，还包括未来的策略计划等，并且在新产品研发过程中起着重要的作用。Kandermir 等 (2005) 的研究指出，市场知识是有客户、竞争对手、营销渠道成员、市场趋势的有组织和结构化的信息。Marinova (2004) 认为，市场知识具体包括了知识更换、知识层次、共享知识三个方面。此外，经济合作组织 (OECD) 在《奥斯陆手册》(*Oslo Manual*) 中，对市场知识的涵盖范围也进行了定义，该定义较为全面和广泛，指出市场知识主要包括供应商、客户、竞争者、知识服务企业、商业化的实验室以及新兴企业六个方面的知识。

综合以上的研究，本书将市场知识定义为：关于市场环境，尤其是客户和竞争者的信息，是营销导向策略的驱动因素。而 Luka 与 Gima (2007) 认为，市场知识具有深度、广度、特质性与隐形的完整过程，结合他们的研究，本书将市场知识的维度划分为宽度和广度。

(二) 市场知识的来源

市场知识可以通过正式和非正式的渠道来获得有关顾客与竞争者的初级与次级资料 (Moorman, 1995)。正式渠道是指可以通过市场调查的研究，如竞争者的情报活动或客户满意度的调查；非正式渠道是指通过销售人员与客户的互动，竞争者参与行业联盟会议时，分享信息，或者利用定量的方法例如市场研究、信息分析以及客户访谈、焦点团体等 (Adams, Day & Dougherty, 1998) 取得企业所需的市场知识。Cornish (1997) 的研究指出，市场知识可以通过不同的市场情报活动及对象获得，如表 2-6 所示。

表 2-6　市场情报特点及来源

市场情报活动	定义	本质	市场情报来源
产品测试	从领先使用者等早期使用者那里得到的信息反馈	内隐知识、目标知识、系统流程	早期使用者
行业情报	从专业机构、行业组织以及过去工作中获得的经验	大部分是内隐知识、偶然发生的事件流程	行业内的终端使用者
销售与服务	通过与客户接触的销售活动、产品安装、培训所获得	大部分是内隐知识、偶然发生的事件流程	制造商与客户
商业展览	集中在展览处，通过名片、注册资料等获得	大部分内隐知识、部分的外显知识系统流程与偶然发生的事件流程	展览与客户
通路	通过经销商及研发伙伴获得	大部分内隐知识、偶然发生的事件流程	经销商与合作伙伴
定性方法	焦点群体访谈；集中焦点在特定的产品及特定的特征	大部分内隐知识、系统流程	学术研究者
收集资料	统计研究与次级资料	大部分外显知识、系统流程	学术研究者

资料来源：Cornish S. L. , Product Innovation and the Spatial Dynamics of Market Intelligence: Does Proximity to Markets Matter? [J] . Department of Geography, The Univ of Georgia, Athens, GA, 1997 (1): 153.

Slater 和 Narver（2000）认为，至少可以通过下面的四个一般性策略产生知识，分别是：以市场为焦点所产生的知识、通过实验产生的知识、与供应商或战略合作伙伴共同合作所产生的知识、来自重复性经验的知识。

市场知识属于无形资产，而无形资产本身不易替代、难以模仿，同时具有专用性，在全球化多变的竞争环境中，企业比过去更需要在一开始就获得市场知识（Teece，1998）。而市场情报与信息的收集需要了解不同部门的资源、能力与需求，这样才能在新产品的开发过程中更有效地使用市场情报（Ottum 和 Moore，1997），使企业可以洞察市场的机会并发展客户关系，并用市场知识为企业未来的产品发展或销售提供方向（Slater & Narver，2000），也才能在国际化的过程中产生更好的绩效。

第五节 知识整合机制

随着人们对知识的重视，企业的知识观成为战略管理思维的主流（KBV），这个学派出现了许多的研究者，也做了很多的贡献。具体包括 Kogut 和 Zander（1992）、Hedlund（1994）、Nonaka（1994）、Grant（1996）、Spender（1996）。因为知识是无法交易的，也难以模仿的（Edvinsson & Malone，1997；Grant，1996a；Nelson，1991；Prahalad & Hamel，1990），所以是企业可持续性竞争优势的来源。同时，知识也具有较强的经验特性和默会性，随着企业的需要而改变（Dierickx & Cool，1989；Henderson & Cockburn，1994；Leonard - Barton，1992，1995）。在知识基础观里，企业就是一个知识库，知识镶嵌在不同的载体里，知识的简单累积绝不可能成为企业竞争优势的源泉。如何运用知识管理提升知识的质与量。知识的流通与分享固然重要，但知识整合才是关键的因素，因此众多学者开始把目光投向知识整合的研究。知识的流通与分享需要经过有系统的知识整合以后，才会进入知识创造的阶段，这一阶段会创造新的知识，最终提高企业的价值。本节将探讨知识的整合与整合机制。

一、知识整合的定义

由知识基础观（KBV）的基本观点可以看出，企业的基本任务就是将各种专门的知识进行整合（Demsetz，1991），并加以利用。Lawrence 和 Lorsch（1969）将整合定义为：综合各个部门或者事业单位的努力。企业在进行新产品开发时，必须考虑怎样在技术可行性的限制下，满足消费者的需求。Hedlund（1994）的研究指出，在很大程度上，组织是“编码化的机器”，从实践中进行独一无二的编码，减少风险并获得竞争优势。然而，尽管知识的观点与资源的观点有很大的相似性，但这也超出了传统战略管理原则下竞争优势的观点，把视野聚焦于企业的内部。结合知识的特征，知识本身在市场上无法进行有效的整合，因此，公司的任务以及存在的根本原因是为了整合许多个人所拥有的专门知识，并将知识加以利用。Grant（1996b）的研究进一步证实了这个观点。他指出，组织会将个人的专门知识进行整合，因此，组织的能力表现为知识整合的能力，所以组织将各种不同的专门知识进行整合就产生了竞争优势，因为专门知识本身不会创造出价值。之后，许多文献也开始探讨研发与营销之间的整合对新产品绩效的影响（Griffin & Hause，1996；Jassawalla & Sashittal，1998；Leenders & Wierenga，2002）。因此，跨职能整合渐渐受到大家的重视。知识整合是一个抽象的概念，根据不同的研究目的和研究视角，不同的学者所下的定义也不相同，表 2－7 归纳出了不同学者针对知识整合的不同定义，大大丰富了知识整合的内涵。

表 2－7　知识整合的定义

学者（年份）	主要观点和内容
Simon（1979）	人们获取、储存、处理知识的能力有限，若想有效率地进行知识生产（即产生新的知识、获取新的知识及储存新的知识），必须要有不同知识领域的专家
Demsetz（1991）	组织为了有效地获取知识，在运用知识时，需要结合许多个人所精通的知识，这个结合的过程就是知识整合
Kogut and Zander（1992）	知识整合是指将现有的知识进行结合，并挖掘有潜力知识的能力，可能通过硬件比如数据库进行整合，也可能通过个人之间的沟通和文化进行整合
Grant（1996）	将一般化的知识和专业化的知识进行结合的过程就是知识整合。组织内部知识整合具体分为两个方面：硬件工具的使用；组织间紧密的效率、范围和弹性。此外，也可以通过内部转移和合约方式来实现组织内外部知识的整合
Wijnhoven（1998）	知识整合是归纳与定义新知识与旧知识之间的相互影响与关系

续表

学者（年份）	主要观点和内容
Inkpen et al.（1998）	知识整合也就是“知识的联结”，即通过正式或者非正式的关系而形成的联结，个人与组织之间进行联系，促进了新知识的沟通与共享，并促进个人知识转化为组织的知识。当一个人或者团队的知识与其他团队只是相联结，经过被讨论、共享，就可能进一步发展为组织的知识
Volberda et al.（1999）	为了将企业的内部文化与价值的一致性进行强化，提升工作的效率，企业内部以及系统运作所做的一切努力的活动就是知识整合
Huang and Newell（2003）	知识整合内涵中重要的活动就是知识的吸收及应用

资料来源：笔者整理。

根据 Nonaka 等（2000）所提出的知识转换模式中的知识结合的特征，知识可以分为“隐性知识”与“外显知识”。其研究进一步说明：“通过共同化、外在化，将经验进行结合，就可以将其进一步内化到个人的内隐知识基础之上，这样就具有了有价值的资产。”因此，知识在组织中可以形成桥梁，并促进内隐知识向外显知识转化，之后外显知识进一步转化为内隐知识，经过这样的转化过程，从而产生了知识创新。Nonaka 和 Takeuchi（1995）将知识划分为四个转化模式：①共同化，由内隐到内隐。组织成员之间通过经验分享，完成内隐知识的转换，从而达到创造内隐知识的过程，比如心智模式与技术性技巧的分享。②外在化，由内隐知识到外显知识。将内隐知识具体表述为外显观念的过程，在该过程中，通过隐喻、类比、观念或者架构将内隐知识表达出来，比如员工可以根据自己的兴趣，建立起知识性的社区，这样就可以针对共同的话题去分享自己的经验、感受以及观点，促进各个参与讨论的成员将其个人的“内隐知识”表达出来，使得成员在知识性社区中进行互动，从而产生创新的观念。③结合，由外显知识到外显知识。也就是系统化观念，最终形成知识体系的过程。该种模式的知识转化涉及不同外显知识的结合，可进一步创新、分享、传播知识、为知识增加价值，学校教育一般属于这种类型。这个阶段通过

创造企业价值来获得的知识称为“系统化知识”，即有价值的资产。④内在化，由外显知识到内隐知识。该过程与“边做边学”关联性较高，经验会通过共同化、外在化与结合，进一步内化到个人的内隐知识基础，比如制作成文件手册、训练教材，进行分享与沟通，促进“外显知识”转化为个人的“内隐知识”。在该过程中，文件以及操作手册已经将知识进行编码化，这样可以有利于“外显知识”的储存和传播，方便新进员工或者资历较浅的员工吸取他人的经验。

知识转化模式如图 2－1 所示。

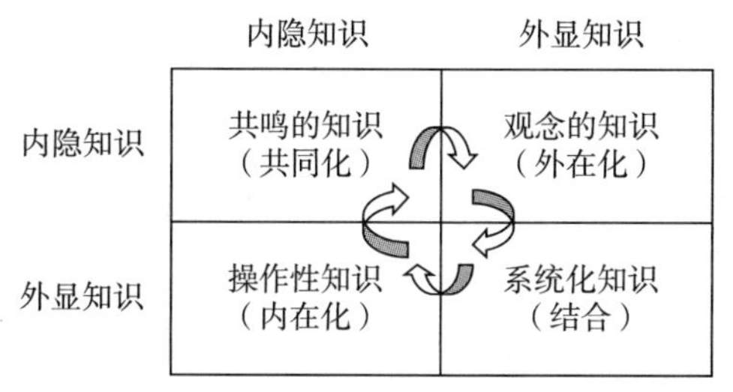

图 2－1　知识转化模式

资料来源：Nonaka 和 Takeuchi（1995）。

由于组织内部存在着差异化的专业知识，为了更好地协调组织内差异化的知识基础，就要将知识进行整合，而通过知识整合，可以使组织成员形成相对一致的看法和信念，从而重新构建知识基础，有助于组织能力的形成。

二、知识整合机制

可以将知识整合机制看作一种结构和程序，通过使用文件，分享信息的会议，成功与失败的案例的分析，外部专家或者顾问的沟通等方式，保证组织内知识的获取、分析、解释与结合（De Luca & Atuahene－Gima，2007）。根据 Barki 和 Pinsonneault（2005）的看法，整合是指在不同但相互依赖的职能、部门与资源之间进行协调或形成一体。Olson，Walker 和 Ruekert（1995）认为，整合机制是一种横向联结装置或结构协调机制，生产商可以用该机制进行不同部门之间的协调。

Nonaka（1994）的研究将隐性知识和显性知识的整合机制分为不同的类型，隐性的知识一般采取在职训练或师徒制等以人员交流为主的知识整合机制的方式，因为这些知识是个体、团队或者部门长期积累的；显性知识的知识整合机制一般以程序交流为主，因为这些知识容易被转化。Boer（1999）等认为，系统化能力、社会化能力和合作化能力是知识整合能力的主要来源，将这三者进行综合，才能达到三方面能力的提升，进一步提升整合的效果。

Katz（1996）将技术转移双方的协调机制分为三种模式，并且他认为沟通越多，目标差距越少，是提高技术转移绩效的方法。这三种模式分别为：程序交流，双方共同规划、共同从事合作活动，并达成共识；人员交流，不同组织间人员互动，通过人员之间的接触，促进彼此的学习与合作；组织交流，转移双方均有正式的结构和专门的机制，通过专门的小组或者团队进行技术转移，从而提高绩效。

Grant（1996a）的研究指出，通过将不同的专业知识进行整合，组织可以建立起竞争优势，一般来说，这种整合机制会受到以下三个因素的影响。

（1）整合的效率。影响整合效率的因素有三个：①拥有共同知识的程度，将不同专业知识进行整合时需要经过沟通，但是在沟通的过程中，可能会引起信息在某种程度上的丢失，而信息丢失的多少则取决于成员拥有共同知识的程度。组织内部具有共同语言、不同知识概念和经验的专家，也影响着专业知识在组织内部进行扩散的速度，这最终影响了整合机制的效率。②任务发生的频率及变动性，当任务发生的频率越高的时候，组织成员就越会形成某种既定的反应模式，最终提高整合的效率；而任务的变动性越高时，组织成员之间就更需要经常地沟通和协调，从而降低整合的效率。③结构，组织结构必须能够适当降低内部沟通的范围与强度，才能有利于整合效率的提升，因此，组织必须找到合适的组织结构设计，这样对于整合机制才是重要的。

（2）整合的范围。不同类型的专业知识，有机会产生互补的效果，才能带来较好的单位产品边际效益。另外，将不同类型的专业知识进行整合的时候，就会产生复杂性和模糊性的知识，从而降低竞争者模仿的机会，有助于组织发展出竞争优势。因此，组织内部知识整合的范围越广，组织的竞争优势就越大。

（3）整合的弹性。组织是否能够通过增加新的知识来扩展现有的能力，或者通过现有知识的重新构建而发展成为新的知识。

Grant（1996b）的研究进一步将知识整合机制分成四种类型：

（1）规则与指令。非人员之间的协调，包括计划、预测、具体的规则、政策和流程，以及标准化的信息与沟通系统。在这样的机制下，可以调整人员之间的互动标准，让沟通成本最小化，并且将内隐的专业知识转化成为更容易理解的外显知识，让专家与非专家之间进行更顺畅的沟通，最终提高专业知识的整合效率。

（2）顺序。将组织内部的各种生产活动细化为许多不连续的过程，使得每个过程的专业知识相互独立，这样就降低了成员之间的沟通和协调。

（3）流程。在缺乏规则和指令进行明确沟通的情况下，流程能加强人员之间复杂的互动模仿，通过可识别的信号来引导相对复杂的行为，具有自动反应的特征。

（4）团队决策。前三种整合机制都是通过沟通和降低学习成本，来提高整合的效率。但有时候组织内部的有些任务，则需要许多人员的参与，同时也需要进行高密度的沟通和整合，虽然依赖高互动，非标准化的协调机制会提高任务复杂性与任务不确定性，但由于内隐知识的特征，组织需要扩大前三种整合机制的使用范围。当任务具有高度不确定性、复杂性与重要性时，才使用这种整合机制。

除此之外，Grant（1996b）也提出共同语言在知识整合中扮演了非常重要的角色，他认为共同语言有助于知识整合机制发挥重要的作用。

Inkpen 和 Dinur（1998）在调查美日合资子公司的研究过程中，针对其跨组织的知识整合机制，提出了四种类型的知识整合机制。①技术分享：通过定期性的会议，双方进行技术、设备方面的交流，提供详尽的指导，提高技术知识转移的程度。②合资双方的互动：成立实践社区，让社区的成员相互熟悉、分享知识，达到知识整合、转移的效果。③人员调动：通过人员调动，增加成员对组织事务的了解，让知识在组织内部流动，更容易地实施操作。④策略性整合：通过双方目标的调整，使彼此的差距缩小。如果双方的共同点差异太大，将影响学习效果。因此，两者差距越小，知识整合的效果越好。

Zahra（2000）在借鉴前人研究的基础上，进一步将正式的知识整合分为整理、吸收和使用三个流程：整理是管理人员系统地梳理哪些知识是学过的，并评价这些知识的重要性程度；吸收是指管理人员通过对所学知识进行理解，并将知识转化为自己知识的过程；使用是指管理人员有效地利用知识的过程。Zahra，Ireland 和 Hitt（2000）提出正式化的知识整合机制，并将其定义为组织在国际扩张的过程中，用来储存、合成及使用所获得的知识。Zollo 和 Winter（2002）从组织学习出发，提出三种知识整合机制：过去经验积累的内隐知识、知识联结、知识编辑。此外，Zahra 和 Nielsen（2002）将知识整合机制分为正式化的整合机制与非正式化的整合机制。

因此，本书结合 Zahra，Ireland 和 Hitt（2000）的研究，将知识整合机制定义为保证捕获、分析、解释及合并公司内部知识的结构和流程，例如使用文件、信息共享会议、成功以及失败项目的分析、项目回顾、外部专家和咨询的简要指示。这些结构和流程使得管理者系统地做决策并且理解什么是先前已经拥有的知识，什么是需要分析学习的知识，并且设计挖掘知识的机制。

第六节　组织结构

随着时代和环境的变化，组织的结构形态也应该随着环境的变化而做出适当的调整。组织结构的设计，主要是减少由于个体成员的差异对组织的影响，从而在整体的框架下进行权力的运作、决策的制定等，同时促进各种组织目标的实现。

一、组织结构的定义

组织结构是指一个组织的构成架构，确定了各组织内部的组成关系类型，包括工作任务如何划分、归类和协调。关于组织结构的定义，不同的学者也有不同的定义。March 和 Simon（1958）认为，组织结构为组织中相对稳定和变动缓慢的行为形态的组合。Hage 和 Aiken（1970）提出所谓的组织结构，是指一个组织以分工和协调的方式，来达到其设立的目标。Child（1972）认为，组织结构包含工作角色的正式分配以及控制与整合，横跨组织内部活动的管理机制。Katz 和 Kahn（1978）指出，其为完成于更新组织内部各项活动事件的相关组合。而 Robbins（1990）认为，组织结构是描述组织的体制，将人员之间的互动、沟通的流程以及权力关系的界定制度化，一个组织的结构反映了公司的基本价值基础、工作任务的正式划分以及整合的情况（Tata，Prasad & Thron，1999）。Khatri 和 Budhwar（2002）认为，组织结构决定了任务的分配、权力和责任的关系、正式的合作以及互动的机制。从以上的各种定义可以看出，组织结构即组织为达成设立的目标，使用一些规则、任务和职责，来控制、协调成员的分工，将合适的人员安排到合适的岗位上，并规定彼此间的关系以及正式的架构，从而达成组织的目标。简单来说，组织结构也可以定义为不同任务之间分工方式的集合，并在其中协调一致（Mintzberg，1979）。

组织结构就其本质来说，反映了组织成员之间分工以及协调的关系。管理者比较重视组织结构的相关话题，因为其在与管理相关的主题中，变动得最快。管理者希望寻找到一个适合组织运作的结构，从而让组织更有效率、更有弹性，以应对快速变化的环境，最终达成组织的目标（Robbins & Coulter，2005）。组织结构是组织内部人员之间的合作关系，既分配了资源的使用、价值的创造，又分配了价值的整个过程。

组织结构在实证研究中也没有统一的定义，各个学者分别采用不同的操作定义和变量来测量组织结构。James 和 Jones（1976）认为，组织结构包含六个要素：权力的集中程度，集权与分权的程度；结构化程度，比如层级的多少、控制幅度的宽窄；正式化，将规则、规范、程序在书面中体现；标准化，活动程序的标准化；专业化，直线、参谋的划分；依赖的程度，部门之间为达成目标的相互依赖程度。Robbins（1990）认为，组织结构包括三个构面：正式化、复杂化与集权化。Ghoshal 和 Nohria（1989）在探讨母子公司的组织结构时，主要比较了专业化/分权化、正式化/标准化、整合性/协调性这几个方面。Lawrence 和 Lorsch（1967）的研究指出，组织结构有两种，即区别式与整合式的结构。Robbins（2001）的研究指出，在进行组织结构设计时，管理者要考虑工作专业化、部门化、命令链、控制幅度、分权或集权、正式化六个要素。Daft（2004）提出组织结构可以分为六类：正式化、专业化、职权阶层、集权、专业注意、人员比率。

综合以上的研究文献，以及学者们针对组织结构不同构面的研究，总结各个测量指标如表 2－8 所示。

在各个测量构面上，以往的研究大多使用正式化程度、集中化程度以及部门化程度来描述组织结构的特性。Grant（1996a）指出：能力构建的机制，即组织结构和组织文化对企业整合与分配资源来说是最重要的因素。同时，结合中国企业国际化过程中提升营销动态能力的目的，集中于组织结构的两个维度——正式化和部门化。

表 2 -8　组织结构测量的构面

学者	年份	测量构面
Lawrence & Lorsch	1967	区别化、整合化
Pugh, Hickson, Hinings & Turner	1968	活动的结构化程度、权威的集中程度、工作流程的直线控制、支持单位的规模
Reimann	1973	专业化程度、正式化程度、集权化程度
James & Jones	1976	权力集中程度、结构化程度、正式化
Ghoshal & Nohris	1989	集权化/分权化、正式化/标准化、整合性/协调性
Robbins	1990	正式化、复杂化、集权化
Sciulli	1998	正式化程度、集权化程度、复杂化程度、规模及整合
Robbins	2001	工作专业化、部门化、命令链、控制幅度、分权或集权、正式化
Holtzausen	2002	正式化、复杂化、集中化
Daft	2004	正式化、专业化、权力阶层、集权、专业注意、人员比率

资料来源：笔者整理。

二、组织的正式化和部门化

Robbins（1990）认为，正式化是指组织内工作标准化的程度，即指行为的一致化（Mintzberg，1979），也就是指组织对其成员工作职责、权利及工作程序等做出规定的明细程度，以及成员在完成工作时受到有关规定约束的程度。Fredrickson（1984）将正式化看作组织使用规则或程序指示员工行为的程度。一个组织对其成员及工作程序规定得越仔细，就越能清楚地用文字表述有关的程序、工作描述、规章制度以及方针政策文件，比如工作手册，工作程序以及各种规定、规则、准则等越多，表示对工作与员工行为的规定越多，则该组织的正式化程度越高。而正式化程度越高时，组织成员越不需要考虑工作应该怎样完成，减少了员工考虑其他行为的可能性，或者使员工不必考虑其他的选择，但是，也会使行为更加僵化。相反，正式化程度较低的时候，组织成员在工作上就更具有自由性。

规章制度的使用，可以帮助员工做出更可靠的行为，也更容易预测出员工的行为。因此，规章制度的存在有利于组织的控制，组织可以确定员工任务和工作上的活动。但如果一个组织的正式化程度较低，则组织更加开放和多样化，更能激发员工内部产生出新的想法，并且使组织成员能与他人沟通以及互动来创造知识（Damanpour，1991；Jarvenpaa & Staples，2000）。因此，组织需要适当的正式化，当受到适当正式化约束时，员工在执行任务时，参考公司的规章制度，并且每项任务都有明确的标准化、书面化的资料，供员工参考来完成工作。比如将知识分享活动纳入公司的规章制度，就可以影响完成任务的效率，使得所需工作的时间和解决问题的时间缩短。

Mintzberg（1979）把部门化定义为任务局限于某个特定范围、部门成员互相隔离的程度。它不同于分散化，因为部门化不允许单个部门拥有决策权。Robbins（2001）也指出，当工作通过专业化划分好之后，为了使相似的工作能够协调好，必须把这些工作归入特定的小组，这就是所谓的部门化。

部门化的类型有以下几种：

（1）职能部门化：也就是把相同或类似的职能活动合并在一起，作为一个职能部门（Robbins，2001），比如生产的经理可能按照工程、会计、制造、人事和供应部门来组织一个工厂。这种部门化的优点是：首先，各个职能部门可以配备该领域的专家；其次，由于各个职能部门的管理人员只需要熟悉本部门的技术技能，相对简单，容易监管和指导；最后，各个职能部门内部的活动容易协调。缺点是：做决策时可能比较缓慢并且容易形成官僚主义；各个职能部门员工可能只关心本部门的工作，出现本位主义；难以检查各个部门的责任和组织的绩效。

（2）产品部门化：通过产品或者服务来划分部门。通常适用于大型的和多元化的公司。其优点是：容易协调有关的产品或某类产品的活动，提高了决策的速度和效率，容易客观地评估各类产品的绩效，从而提高了各部门对它们活动结果的责任性。缺点是：本部门内部的人员只注重本部门的产品，而忽视整体组织的绩效；各个部门内部都

有自己的职能专家，容易造成管理成本的上升。

（3）地区部门化：按地理区域成立专门的部门。优点：权力和责任下放到基层，可以对本地区的市场和问题反应迅速灵敏，方便区域性的协调、组织以及综合管理。缺点：管理人员增多，人员需求量大，并且管理成本较高，管理难度加大。

（4）客户部门化：是以客户为对象，每一个部门聚焦于特定的客户。优点：方便集中客户的需求，使得用户相对较满意，也可以发挥专家们在特定客户领域的专长。缺点：如何对客户进行明确分类具有一定的难度，这需要对行业精通的管理者与专家；同时，协调不同客户的需求也有一定的困难。

第七节　组织文化

组织文化可以说是一个知识的储藏库，它将连续不断地扩充和更新来应对环境的变化（Lemon & Sahota，2004）。它存在于每个特定组织的思考、感觉、反应等模式之中，也是组织独特的心理运作模式（Hofstedeet，Neuijen，Ohayv & Sanders，1990）。组织文化反映出领导者的价值观以及组织的愿景及目标，领导者可以经过自己的言行强化组织的核心价值与信念（Scheres & Rhodes，2006）。

一、组织文化的定义

Pettigrew（1979）在《组织文化研究》一文中指出了组织文化的概念，一开始不被重视。之后一些学者相继在这方面进行了研究，比如 Ouchi（1981）提出了《Z 理论》，而 Pascale 和 Athos 也于 1981 年提出《日本经营管理艺术》，1982 年，Deal 和 Kennedy 提出《组织文化论》。Peters Waterman 提出了《追求卓越》。通过这些学者的不断努力，组织文化的研究逐渐引起了管理学界和企业界的广泛关注。之后，很多学者开始加强组织文化的研究。

组织文化一直是组织理论研究的一个重要领域，又称为企业文化或者公司文化。它的提出解释了部分组织内部的复杂管理现象，同时也可以作为一种新的激励和控制员工的方法，管理者希望通过组织文化中的价值观来激励员工做出承诺并提高劳动生产率（Martin，2003）。不同的学者基于不同的角度对组织文化进行了研究，具体包括组织内部和外部的特征、组织文化本身的特征等，因此，学者们对组织文化的看法也不同。

有的学者认为，组织文化就是基于某种特定的时空背景，某个团体成员所共同拥有的、普遍接受的意义系统，组织文化可以被看作是符号、语言、意识形态、信念、仪式和迷思（Pettigrew，1979）。Robbins（1983）认为，组织文化是组织内部的一种相当一致的知觉，同时这个知觉具有共同的描述性特征，它可以区分出组织内部的不同之处，而且可以将个人、团体和组织进行整合。Schein（1985）的研究指出，组织文化是组织内部的某些特定的群体，在处理关于外部适应性和内部凝聚性问题的时候指出、发明或发展出来的，并被证明是有效的，可以在组织内部教育组织成员形成长远的正确认识、思考和感知不同问题的观念。Schein（1990）认为，组织文化是指组织成员在经过内部整合以及外部调整后，对新的成员传播组织真实的认同信念以及组织内部的行为规范。Denison（1990）在《企业文化与组织绩效》一书中提出，组织文化是“组织潜在的价值观、信仰和原则，它是一个组织的全部管理系统、实践和行为的基础，而这些体现并强化了潜在的基本原则”。Tata 和 Prasad（1998）的研究指出，组织内部各个成员之间共同的价值观念与信念组成了组织文化，这体现在组织所追求的目标上，以及各种用来达成目标所使用的方法之中。Stock 和 McDermott（2000）的研究指出，组织内部成员所共有的一组基本假定、价值观和观念就是组织文化。Lemken，Kahler 和 Rittenbruch 等（2000）研究指出，组织文化详细地说明了组织的核心理念、价值观和社会习惯，而这些共同支配着组织中个体的行为习惯。Fedrick M. A. C.（2001）研究指出，组织内部共有的一组信仰、假定、价值观和象征就是组织文化。而 Leisen，Lilly 和 Winsor（2002）研究指出，一个复杂的规则与价值体系就是组织文化，其会随着时间的推移而逐渐形成，同时会影响组织的流程与行为的类型及其变化。Martins 和 Terblanche（2003）研究认为，组织所独有的特质就是组织文化，这种独有的特质则是指由于过去运营良好而被组织接受的规则，并且这些规则体现了组织内部的活动过程、员工的行为和态度。而 Cameron 和 Quinn（2006）研究认为，组织总结的、共同的理解、记忆、价值观和态度就是组织文化。

组织文化是一个全方位的概念，是在组织生产运营、日常运作过程中逐渐形成的行为模式，与传统的科层组织相区别，是组织运营的软环境，为组织的创新、运营、柔性发展等提供良好的氛围，同时与其他组织相区别。结合本书基于知识的视角，研究中国企业国际化过程中营销动态能力的形成，本书将组织文化定义为：组织的行为习惯与其领导风格相互作用所形成的一种特定的价值观、行为准则、道德规范等。

Davenport 和 Prusak（1998）指出，共同的文化对部门之间的知识共享是非常重要的。内部的共识会影响组织内部进行知识共享，同时组织文化可能会影响内部成员与组织的价值观的匹配程度。有很多方法可以促进知识的分享与交流，但前提是组织的文化与价值观必须有利于知识的转移，使得员工愿意交换知识，否则很多方法都是无效的。本书研究的重点，主要聚焦于组织文化中的学习文化。

二、组织的学习文化

组织学习文化的概念来源于组织学习理论。而组织学习的概念是 Simon 于 1953 年正式提出的，其强调组织重整与发展的过程即是学习的过程，并于 1960 年正式成为一门理论，后来被广泛地应用于各个领域与组织之中。组织学习理论重视组织成员通过持续的学习形成团队与组织的学习，进而促使组织的成长。这个概念与 Senge 的“学习型组织”概念相类似。Senge（1990）认为，学习型组织是组织中个体不断地相互学习，以完整的思考来解决组织的相关问题，使得创新的思维在组织内部不断扩散，从而促进整个组织充满学习的文化，不断地向组织注入“活水”，学习“如何学习”，促进组织不断发展。由 Senge 对学习型组织的定义可以看出，学习型组织中蕴含着组织学习文化。Preskill 与 Torres（2001）也指出，学习型组织着重于组织学习文化塑造。

各学者关于组织学习的定义具体如表 2－9 所示。

表 2－9　各学者关于组织学习的定义

学者	年份	组织学习的定义
Argyris & Schon	1978	组织学习是寻找并更正错误的过程
Shrivastava	1983	组织学习是为发展和丰富组织内部知识的整个过程
Morgan & Ramirez	1984	组织学习是指组织成员面临相同问题的时候，共同学习来一起解决问题
Foil & Lyles	1985	组织学习是通过相关知识以及对知识进行较好地理解来改善行为的过程
Senge	1990	组织学习是通过个人学习来进行的，只有通过个人学习，组织才能学习，也许个人学习并不能保证组织学习，但是如果没有个人学习，将不会有组织学习
Garvin	1993	组织学习是组织擅长创造、获取、传递知识，并且结合这些新知识来改变行为的过程
Redding	1997	组织学习是整个组织的学习，不是单个组织成员的学习，面对不同的企业环境时，组织也会呈现相应的学习程度
Schwandt & Marquardt	2000	组织学习代表的是一个组织内部的人员、行动、符号以及流程之间的互动或者过程
Dowd	2000	组织学习是指组织在经验上以维持或改善表现的能力或过程
Burt Jones	2001	组织学习是一种程序，也就是通过管理者寻求改善组织成员的渴望与能力，以理解其经营的组织及其环境，并且使其做出的决策能够持续地提升组织的绩效
Daft	2001	组织内部不同的沟通与合作的方式，可以促进组织成员对问题的了解，并解决问题，组织因此能够增加竞争优势
Mulholland et al.	2001	组织学习是在工作的环境中，组织成员通过积累经验而逐步学习的过程，具体表现为在工作中成员与同事的紧密合作

资料来源：笔者整理。

学习型组织的观点是 Argyris 与 Schon（1978）所提出的组织学习中的单环学习与双循环学习，并收录于 1990 年由 Peter Senge 所著的《第五项修炼》一书中，使得学习型组织风行全球。自 Senge 提出学习型组织后，许多学者针对学习型组织纷纷提出不同的看法，比如：Kochan 和 Useen（1992）提出，学习型组织包含个人、团队、组织的学习，从而达成组织的愿景，在达成愿景的过程中，有信息的交换、实验、商谈、协调以及建立共识；Bennett 与 O'Brian（1994）则认为，学习型组织能将学习、适应、变革能力根植于组织文化，通过组织文化所涵盖的价值、政策、组织结构等支持并加快成员的学习，学习成果通过工作流程、产品和服务、个人工作和团队合作来体现；Mathews（1993）认为，学习型组织是指组织的学习同时发生于组织与个人，也是组织内在网络之间的集体活动，而这种组织具有目标性、适应性与应变能力；Inkpen 与 Crossan（1997）认为，组织中的学习可以分为三个层次——个人、团队和组织，从学习的角度出发，组织与环境必须能够匹配，并且随着组织与成员、环境之间的了解，组织也在成长。

综合以上关于学习型组织的定义，我们可以发现，Kochan 和 Useen（1992）与 Inkpen 和 Crossan（1997）都是从“学习”“思考”两个角度来切入的，Bennett 与 O'Brian（1994）以及 Mathews（1994）则提出了“适应”与“改变”等概念，并且都强调学习是从个人出发，发展到团队，然后至整个组织，也因此与“组织对话学习”“组织发展”“组织变革”等都有关系。Watkins 和 Marsick（1993）综合了前人的观点，提出了学习型组织的概念，包括了学习、改变、组织发展、与工作联结等概念，认为学习型组织就是一种不断学习与变化的组织，在组织内部，学习的起点是个人、团队，以及与组织进行互动的社区；学习在组织内部是一种持续进行的、运用策略的过程，与工作相结合；学习的效果将进一步导致组织知识、信念以及行为的变化，同时可以强化组织创新及成长。

之后，一些学者通过学习型组织的定义，进一步探讨组织学习文化的定义。和组织文化一样，组织学习文化也是一个复杂的概念，它是将组织文化与组织学习相结合的产物。组织学习文化的概念于 20 世纪 90 年代开始受到许多研究者的重视，并积极进行了探讨。但截至目前，还没有形成统一的看法与见解。

从策略的角度来看，组织学习文化发展于个人学习，进一步延伸至组织的整体学习，并且通过明确的组织目标、分享的文化、组织的次系统与结构、文化之间的联系，与组织目标相联结（Garvin，1993；Hung & Lien，2005）。从情境认知的角度来看，组织学习文化把情境认知的文化知识作为基础，从而建立对情境的理解与情境互动，并利用环境的条件支持其观念、进行学习（Jacobson et al.，1996）。从持续性学习的角度看，学习必须是组织文化的一部分，持续地学习文化应该具有三个要素：①社会支持，组织激励与任何新技能、行为的获得及使用有关的活动；②持续创新，组织通过不断的努力追求创新；③竞争力，通过成员的良好表现，组织在行业及领域内部建立起良好的形象（Liebowitz，2000）。组织学习文化就是指企业鼓励活跃地学习，鼓励员工具有冒险精神，员工不仅学习自身职位的知识技能，也必须学习其他的知识技能（Tracy，Tannenbaum & Kavangh，1995）。组织应该以学习为导向，这个应该作为组织学习的基本价值观（Sinkula，Baker & Thomas，1997），如果一个组织的价值观很少关注学习，那组织内部就不会有很多的学习（Sackman，1991）。组织学习文化应该系统性地支持与改善这样的信念与态度，即持续不断地使用知识和信息（Botcheva，White 和 Huffman，2002）。因此，组织学习文化是持续学习的文化，在该种文化中的成员，既是工作者又是学习者，不管是个人、团体，还是组织，都在持续不断地学习。综合前人的研究，结合本书研究的情境，本书把学习文化定义为：组织内部对相互学习的承诺程度，是一种共同的信念。

第八节　营销动态能力形成机制研究

由于营销动态能力这个概念的提出时间较短，现有学者针对其形成机制的研究也还处于探索之中。现有关于营销动态能力的文献中，只有很少是对营销动态能力的形成机制进行研究的，其中以 Fang 和 Zou（2009）的研究为代表。

Fang 和 Zou（2009）从资源遴选机制和能力构建机制（Makadok，2001）两个角度出发，构建了营销动态能力的形成机制。资源遴选机制是指管理者收集信息并分析选择什么样的资源以及将多少资源投入到企业（Barney，1986）；能力构建机制是管理者设计和构建一个组织的背景，比如组织结构和组织文化，来增加资源整合和配置的效率和效力（Mahoney & Pandian，1992）。根据 Zott（2003）以及 Eisenhardt 和 Martin（2000）的研究，通过资源遴选机制收集资源，能力构建机制的功能是"构造"，调节资源收集与资源互补与营销动态能力的关系，具体模型如图 2－2 所示。

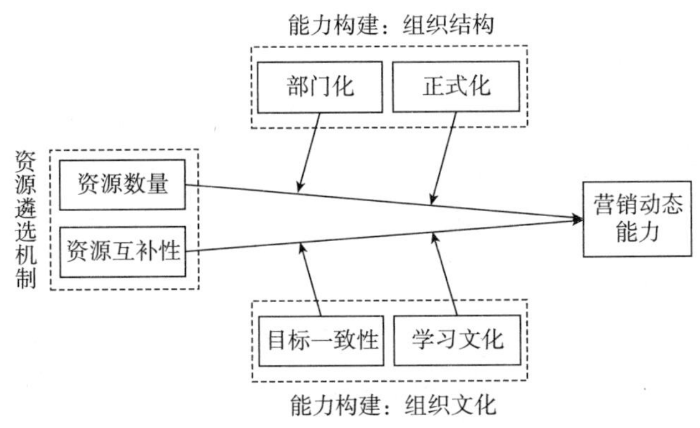

图 2－2　营销动态能力构建机制

资料来源：Fang E E，Zou S. Antecedents and consequences of marketing dynamic capabilities in international joint ventures［J］. Journal of International Business Studies，2009，40（5）：742－761.

Fang 和 Zou（2009）以国际合资企业为研究对象，提出了营销动态能力构建机制。因为研究对象是国际合资企业，资源遴选机制包括两个重要的资源特征：资源数量和资源互补性。资源数量是指国际合资企业对执行特定任务所贡献的资源水平的多少；资源互补性是国际合资企业贡献差异化资源的程度，强调“非冗余”资源（Hill & Hellriegel，1994）。多的资源可以帮助个人集中于与工作相联系的任务，从而提高商业流程和动态能力中的相应客户价值的速度，因此，国际合资企业资源的数量正向影响了营销动态能力。资源的互补性可以通过增加国际合资企业资源的价值，以及给国际合作企业和合作伙伴提供学习的机会，来促进营销动态能力的发展（Cohen & Levinthal，1990；Hitt，Dacin，Levitas，Arregle & Borza，2000）。实际上，资源互补性以及其相关的学习机会是国际合资企业所需要的，资源越互补，他们所得到的资源越有价值，也就越能快速应对国际市场环境的变化。所以，国际合资企业的资源互补性正向影响了营销动态能力。一个合适的组织结构有利于高效和快速地整合及配置资源。组织结构的正式化是指组织在完成某项工作时，遵循的特定规则和程序（Zaltman，Duncan & Holbeck，1973）。Grant（1996a）的研究指出，有效的资源整合和对市场变化的反应速度，取决于组织所获得的信息。一个正式化的组织结构有利于资源配置，使得配置跨部门商业流程更加有效。它帮助企业减少跨文化交流，提高跨部门商业流程配置资源的效率和速度。部门化的组织结构会伤害到资源配置和整合的效率及速度。因此，国际合资企业正式化的组织结构正向调节了资源数量和营销动态能力的关系，同时正向调节了资源互补和营销动态能力的关系；国际合资企业部门化的组织结构负向调节了资源数量和营销动态能力的关系，同时负向调节了资源互补和营销动态能力的关系。两个国际合资企业的目标一致性正向调节了资源数量和营销动态能力的关系，同时正向调节了资源互补和营销动态能力的关系。国际合资企业的学习文化正向调节了资源数量和营销动态能力的关系，同时正向调节了资源互补和营销动态能力的关系。

纪春礼（2011）聚焦于营销动态能力的本质，探讨了营销动态能力形成和发展的影响机制，从环境感知机制、资源遴选机制、组织学习机制、能力构建机制四个方面构建了营销动态能力的形成机制。具体如图2-3所示。通过该模型可以看出，环境不确定性的感知是发展营销动态能力的重要前提；资源是营销动态能力形成和发展的重要基础；组织学习影响了组织内部的关键活动；能力构建是培育营销动态能力的必要结构性因素。

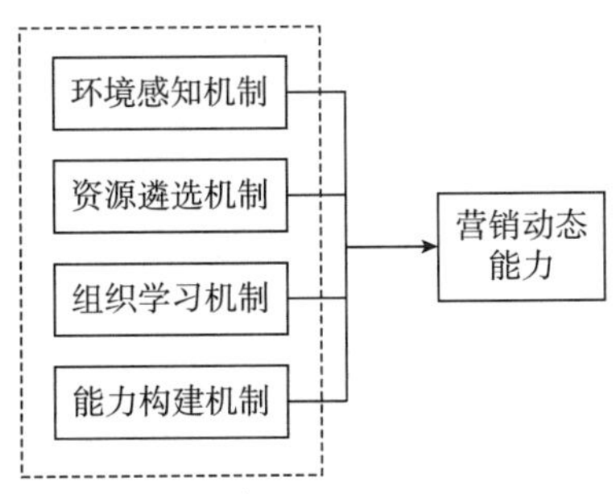

图2-3 营销动态能力的影响机制理论模型

资料来源：纪春礼．营销动态能力的构成：中国国际化企业视角［M］．北京：经济科学出版社，2011.

参考Barney（1991）、Hooley等（2001）的研究，李巍等（2012）首先基于资源基础观，发掘并验证国际营销动态能力的关键驱动因素。他从资源因素中的企业资产、组织知识和能力中识别出六种资源因素，分别为营销资产、研发资产、国际市场知识、国际化经验、战略柔性以及网络能力。他的研究考察了以上六种资源对国际化企业国际营销动态能力的作用，同时考察了企业所处的国际市场动荡性和国际市场进入战略对这些作用的调节效应，如图2-4所示。

李巍等（2012）同时还基于制度理论探讨了国际营销动态能力的关键驱动因素，借鉴Scott（2008）的研究，从制度因素的关系系统、规范系统以及文化认知系统三个方面，识别出六个制度因素，分别为组织结构、奖励机制、组织学习、开放心智、市场导向和风险偏好，考察其对国际化企业国际营销动态能力的驱动作用，如图2-5所示。

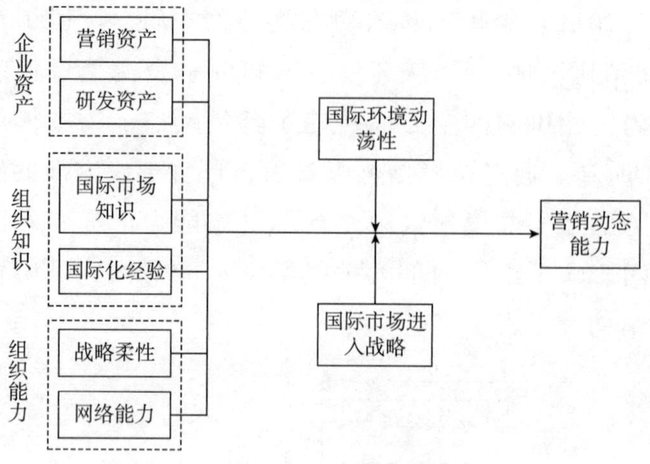

图 2-4　资源因素与国际营销动态能力的关系

资料来源：李巍等．国际营销动态能力：结构与关键驱动因素［M］．北京：经济科学出版社，2012.

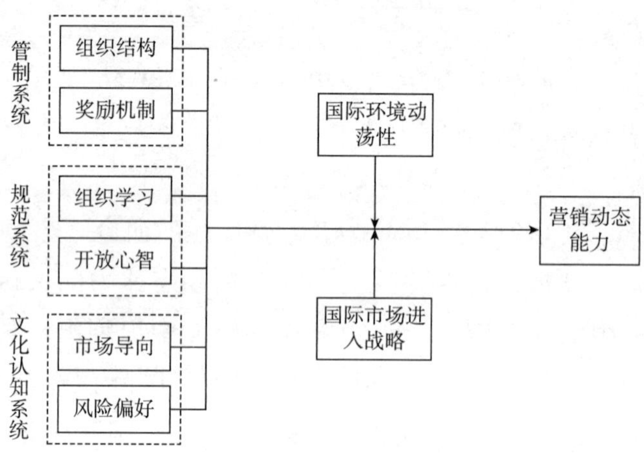

图 2-5　制度因素与国际营销动态能力的关系

资料来源：李巍等．国际营销动态能力：结构与关键驱动因素［M］．北京：经济科学出版社，2012.

李巍、杨雪飞（2016）还基于组织与企业家因素交互视角，探讨营销动态能力的构建机制。他们的研究发现，市场导向文化和组织结构扁平化是营销动态能力形成的重要驱动因素；同时，市场导向文化与营销动态能力的积极关系被企业家精神正向调节，但被企业家政治关联负向调节；组织结构扁平化与营销动态能力之间的正向关系却不受两类企业家因素的影响。

以上学者虽然从多个视角来探讨营销动态能力的形成机制，但这些研究基本属于比较宏观的层面，比如资源视角中的资源属于比较宽泛的概念，对企业来说执行起来比较困难，同时这些研究也没有深层次探讨这些因素如何影响企业营销动态能力。而 Eisenhardt 和 Martin（2000）的研究指出了组织学习与动态能力之间的关系，他们认为学习机制驱动了动态能力的变化。而 Zollo 和 Winter（2002）的研究指出，动态能力是一种集体的学习行为，企业追求新知识并把新的知识传递到组织层面的过程就是企业改变能力的过程，其结果是建立一套新的知识结构。Cepeda 和 Vera（2007）从知识的视角研究了知识、学习与动态能力的关系，同时指出，组织是通过学习来创造新的知识，并把新的知识传递到组织的各个层面，最后将其制度化，这样可以更好地提升自己的动态能力。基于前人的这些研究，Foley 等（2005）的研究指出，将组织学习的一些研究文献引入动态能力与营销研究的整合框架，是非常有必要的。因此，营销学者们认为，既然学习机制对动态能力具有重要作用，那么其同样会积极影响营销动态能力的形成。D. S. Bruni 等（2009）的研究指出，营销动态能力特别注重发展、释放和整合市场知识，因此，营销动态能力中的组织学习会更加关注于组织以及组织员工对市场知识的学习。构建企业的组织学习机制对于国际化企业来说非常有必要，营销管理者可以更好地理解市场信息，从而做出更适合的营销决策（Morgan，Anderdon & Mittal，2005）。可以通过组织学习加快对市场知识的理解来加快企业的产品创新（Goksel Yalcinkaya et al.，2007），同时可以更好地管理客户关系，以及渠道成员关系（Fang & Zou，2009），可以调整和整合从供应商到客户的供应链流程（Srivastava，Shervani & Fahey，1999），从而更好地提升创造和传达客户价值的跨部门商业流程的速度及效率（Hult，Ketchen & Slater，2005）。许晖等（2018）的研究通过双案例对比方法探讨了企业知识向营销动态能力的转化机制。因此，本书从知识视角出发，试图揭开从知识到营销动态能力形成的内在机制。

第八节 相关研究及小结

一、相关研究

以上分别对市场知识、跨部门合作、知识整合机制、组织结构、学习文化、企业营销动态能力的研究成果进行了回顾。下面我们对市场知识、知识整合机制、企业营销动态能力和组织绩效竞争力整个链条中的现有研究进行回顾。

Martin（2003）的研究探讨了组织中各个亚单元的组织学习是如何影响其他亚单元知识流出的，进一步指出组织有三个学习过程：新知识的搜寻、知识的编码和原有知识的组合。在这三个学习过程中，新知识的搜寻可以加强知识在各个部门之间的水平流动，知识的编码可以同时促进知识在各个部门之间的水平流动和垂直流动，原有知识的组合主要影响知识在各个部门之间的水平流动。Barney（2001）的研究指出，动态能力的重要作用是其改变了企业的资源基础，以应对快速变化环境的能力水平。Makadok（2001）基于动态能力如何实现租金的创造的分析，指出动态能力受两类机制影响：资源遴选机制和能力构建机制。Zahra 和 George（2002）提出，在复杂的动态环境下，组织学习为企业提高其“战略柔性自由调整和演化的程度”提供了潜在能力。Zollo 和 Winter（2002）的研究指出，学习机制主要由三种机制组成：经验积累、知识的连接以及知识的编码，而动态能力的形成和发展受到这三种机制的共同影响；同时，他们的研究也指出了动态能力与企业持续生存和绩效均有直接的关系，只有拥有长期的优势和生存能力的企业才是具有动态能力的企业。贺小刚等（2006）的研究

认为，动态能力对企业绩效具有积极的促进作用。Agarwal 等（2009）指出，组织资源、活动或者惯例是动态能力的基础，而组织学习和知识管理流程这两者进一步引导资源、活动或者惯例发展和演化。Fang 和 Zou（2009）通过对国际合资企业的研究进一步指出，资源的数量级（多少）和资源的互补性对营销动态能力有显著的重要作用，营销动态能力对国际合资企业的绩效有正向的作用。

通过以上回顾可以发现，在从市场知识到企业绩效整个研究链条中，对两两之间关系的探讨比较常见，并且大多数的探讨都是针对动态能力的，针对营销动态能力的较少，虽然 Fang 和 Zou（2009）从资源的角度研究了营销动态能力的构成，但资源的概念比较泛泛，没有基于市场知识的视角，而且没有进一步将市场知识进行维度的划分来探讨市场知识、知识整合机制和企业营销动态能力之间关系的相关研究。

二、小结

本章对国内外相关文献进行汇总、梳理和评鉴。首先，从企业国际化理论入手，广泛吸收和借鉴现有研究成果，创造性地基于知识的视角，从知识、知识整合机制、能力三个链条对企业营销动态能力进行了界定。其次，分别对市场知识的维度、知识整合机制、组织结构、组织文化和企业营销动态能力的相关研究进行了回顾和梳理。最后，对市场知识的维度、知识整合机制与企业营销动态能力整个链条的相关研究及研究缺失进行了分析。本章是全书的理论基础，然而要真正搞清楚市场知识的维度与企业营销动态能力的关系，以及组织结构、学习文化在其关系中的应用，还需要进行深入的探索性研究。本书在接下来的章节中运用实证研究的方法，对这一过程进行了探析。

第三章　理论框架与实证模型

第二章的文献综述已经表明，市场知识的维度、知识整合机制以及企业的营销动态能力之间存在着紧密的联系，然而，以往关于企业营销动态能力的研究大多是研究其构成维度，另外也有研究从资源视角尝试解释营销动态能力的构成，但几乎没有把这几个方面联系起来，尤其是从内部影响机制上加以深入研究的。基于此，本章在前面论述的基础上进一步论述市场知识的维度、知识整合机制与企业营销动态能力提升之间的内部影响机制和作用机理，并在此基础上提出正式化、部门化、学习文化在市场知识的维度、知识整合机制和企业营销动态能力三者之间关系作用的概念模型，作为后续研究的立论依据和总体指导。

第一节　理论依据与研究假设

一、市场知识的维度与知识整合机制

知识整合机制：根据 Barki 和 Pinsonneault（2005）的研究，整合是指各自独立但又相互依赖的职能部门之间将不同的资源进行配置和协调，达成一个统一整体的过程。企业经常使用整合的过程来进行跨部门的协调和整合（Griffin & Hauser，1996；Sobek，Liker & Ward，

1998）。Olson，Walker 和 Ruekert（1995）的研究指出，整合机制是“水平联系机制或者结构协调机制”，企业使用这种机制来协调跨部门的互动（Griffin & Hauser，1996）。综合以上学者的研究，同时根据 Zahra，Ireland 和 Hitt（2000）的观点，本书把知识整合机制定义为一系列整合的机制及过程，比如使用文档、信息共享会议、成功与失败项目的分析会、项目评论以及外部专家和顾问的简报等，从而保证知识在企业内部的吸收、分析、解释和结合。这些机制及过程使得管理者在企业的一些决策过程中（如产品创新过程）进行系统的思考，同时在企业内部指出学习的重要性，并设法提高知识的竞争力（Zahra & Nielsen，2002）。

市场知识及其维度：市场知识是指关于市场环境的信息，尤其是客户和竞争者的信息，这些知识是企业知识的主要来源（Day，1994；Nonaka，1994），同时也是市场导向策略的驱动因素（Day & Nedungadi，1994）。如果一个企业能够正确地识别、收集和使用客户和竞争者的信息，就意味着该公司的市场知识非常丰富。虽然为了增加对客户和竞争者行为的理解，了解关于技术和其他市场环境方面的知识也是重要的，但企业对技术研发的感知和反应的能力与感知客户和竞争者的能力是不同的（Srinivasan，Lilien & Rangaswamy，2002）。因此，本书定义市场知识是公司关于客户行为和竞争者行为的知识。企业的这种知识有两个维度，即市场知识的宽度、市场知识的深度。

市场知识的宽度是指企业对不同方面市场知识的熟悉程度（Bierly & Chakrabarti，1996）。Prabhu，Chandy 和 Ellis（2005）的研究也提出了相似的定义，知识的宽度即为企业拥有知识的领域范围。因此，本书把市场知识的宽度定义为企业对不同客户的信息和竞争者竞争方式等知识的理解程度。换句话说，一个公司如果具有很多关于现有和潜在细分顾客以及竞争者的广泛知识，同时有关于描述客户和竞争者相关的信息和知识，比如客户需求、客户行为、客户特征；竞争者产品、市场以及战略等（Zahra，Ireland & Hitt，2000），则该公司具有宽的市场知识。这个概念基于市场导向的概念，强调了对顾客和竞争者的广泛理解。

具有广泛市场知识的企业有能力将不同的知识进行结合，以提高识别市场机会的能力，并且创造满足市场机会的各种可能性（Kogut & Zander，1992）。然而，知识的宽度也增加了知识重新结合的难度，因为知识的高度异质性使得知识在跨部门转移时更加复杂（Galunic & Rodan，1998）。而且客户的细分方式和竞争者的策略随着时间的推移也可能会发生变化，广泛的市场知识涉及这种频繁的变化，从而增加了跨部门传播知识的难度。此外，当市场知识宽度非常高的时候，并不是所有的知识能被完全用于每个拓展市场的机会，只有少数是有用的信息，这导致企业可能遗漏一些重要信息，对于企业的绩效来说也是非常致命的（Leonard – Barton，1992）。因此，知识宽度宽，可以使管理者发展出知识整合机制，以提高组织信息处理能力，从而更加有效地利用信息。Germain 和 Droge（1997）的实证研究指出，企业关于一项任务所具备的知识的宽度，必须经过知识整合过程才能真正为企业所使用，知识整合过程是整合不同知识的必要机制。因此知识宽度较宽的企业，往往会发展出更加完善的知识整合机制。

基于以上回顾和分析，本书提出以下假设：

H1a：市场知识的宽度越宽，国际化企业的知识整合机制使用就越多。

市场知识的深度是指企业拥有知识的复杂程度，也就是说，知识具有许多不同的、独特的以及相互独立的个体的程度（McEvily & Chakravarthy，2002），比如由于知道某一领域的知识，企业可能知道该领域怎样操作，但却不清楚不同领域知识交织在一起时该怎样操作。Prabhu，Chandy 和 Ellis（2005）也描述了技术知识的深度是指企业拥有某个领域内知识的数量。因此，本书定义市场知识的深度为“一个企业关于客户和竞争对手知识的精确和复杂性程度”。它反映了企业能够将独特的和相互独立的因素进行联系的准确程度，这些因素反映了客户和竞争者的关键问题。如果一个企业具有许多相互依赖的知识和信息，比如客户需求、行为和偏好以及竞争者产品及战略，说明该企

业对该市场具有较深程度的理解。因此，知识的宽度是指知识的水平维度，知识的深度是指知识的垂直维度。

有两个原因解释了市场知识深度怎样影响知识整合机制。第一，市场知识的深度意味着知识之间具有高度的和复杂的相互依赖程度（McEvily & Chakravarthy，2002）。这样的知识在进行转移时容易发生错误，从而可能产生更大的风险（Galunic & Rodan，1998）。这是因为深度的部门知识限制了企业创新的能力，或者限制了企业在不同的知识碎片里发现新的联系的能力。第二，深厚的市场知识意味着不同的职能部门承担了各自收集和传播市场信息的工作。这导致了不同的职能部门之间可能存在差异的“思想世界”（Leonard - Barton，1992），从而进一步增加了知识转移的不确定性（Szulanski，1996）。因为这个原因，市场知识越深，越容易导致知识在转移、分享过程中发生“僵化”，从而阻碍了公司吸收知识的能力。结果，公司需要开发整合机制来增加不同职能部门之间的相互理解（Hoopes & Postrel，1999），因此，本书提出以下假设：

H1b：市场知识的深度越深，国际化企业的知识整合机制使用就越多。

二、市场知识的维度与营销动态能力

营销动态能力是企业为应对市场变化而调整效率和速度。借鉴Fang 和 Zou（2009）的研究，本书将营销动态能力定义为应对市场变化的、创造和传递客户价值的、一系列跨部门的商业流程。具体包括产品开发管理、客户关系管理和供应链管理。产品开发管理是指设计、开发和推出新的产品来满足客户需求和偏好的跨部门流程；客户关系管理是指管理客户以及渠道伙伴关系来学习并满足其需求的跨部门流程；供应链管理是指为了供应商和客户进行设计、管理和整合组织的供应链的跨部门流程（Srivastava，Shervani & Fahey，1999）。

现有的研究把市场知识看作是产品创新绩效的驱动因素（Atuahene－Gima，1995，2005；Li 和 Calantone，1998；Moorman & Miner，1997）。Fang 和 Zou（2009）的研究指出，营销动态能力可以产生很好的国际化绩效。郭净（2012）的研究指出，营销动态能力通过影响企业的竞争战略来进一步影响企业的竞争优势和国际化绩效。然而就目前的研究结果来看，很少有研究阐述不同的市场知识特征对营销动态能力的作用机理。

处于国际化过程中的中国企业，同时也在进行着广泛的知识探索，它们积累了各个学科和异质性市场的诀窍（Prabhu，Chandy & Ellis，2005）。因为企业已经掌握了关于异质性细分市场的基本信息，所以通过额外市场知识的获取来产生突破性想法的边际收益就会下降，而相互交叉的市场信息往往可以向现有的知识基础补充新的想法。根据 Grant（1996）的看法，一个企业的知识包括了某种特定职能领域的知识，比如产品设计、制造技术、特定的营销活动以及分销的知识。宽广的知识使得企业在高度的不确定环境下迅速做出决策，可以有效地配置资源。宽广的知识可以使得国际化企业的员工较少关注知识的获取，而是集中精力完成与工作相关的任务，同时提高与客户价值相关的商业流程的速度和效率（Cyert & March，1963）。

市场知识的增加可以使企业提高营销动态能力，因为其增加了企业与相分离市场信息、想法以及观点之间的联系，并且可以获得更广泛和远见的视野（Reed & DeFillippi，1990）。一个企业如果具有宽广的市场知识，则其会获得大量异质性的信息以及对客户和市场不同的理解，从而生产出不同的产品来满足不同的细分客户。在企业的产品开发活动中，宽广的市场知识能够增强客户需求识别、产品概念开发和产品设计三大核心环节的效率，进一步增强企业产品开发管理流程的效率（许晖等，2011）。宽阔的市场知识同样增加了企业在产品创新过程中执行复杂任务的能力（Kogut & Zander，1992）。国际化的企业拥有宽广的市场知识有利于提高供应链管理的效率，也可以提高供应链的柔性（Christopher & Towill，2001）。因为其可以加快库存周转时间，从而降低库存，大大缩短了产品生产和订单交付过程中的时间；

企业在全球范围内实施采购计划、生产外包、技术合作、品牌合作等多种供应方式，一方面可以实现成本的控制，另一方面可以提升客户的满意水平（许晖，2011）。

因此，本书提出假设：

H2a：中国企业国际化进程中拥有的市场知识宽度正向影响营销动态能力。

如果企业基于很深的市场知识而开发了一个新产品，则对知识深度的要求可以阻止竞争者对该产品的了解（Reed & DeFillippi，1990），导致该新产品很难被模仿。这是因为，市场知识的深度折射出了企业对客户问题和需求以及潜在竞争者具有很好的理解和反应，因此，企业可能会产生出各种独特的新想法（Galunic & Rodan，1998）。而竞争者只会进行表面上的模仿，这可能是没有效果的，就像 McEvily 和 Chakravarthy（2002）指出的，竞争者努力重组这样的产品往往有可能是错误的或者有偏差的，可能只能做到外形相似。Prabhu，Chandy 和 Ellis（2005）同样指出，知识的深度往往会产生好的产品，因为其允许知识的各个元素跨领域结合，从而产生复杂的知识模式。当中国企业向发达国家进行国际化时，中国企业需要判断进入国家的行业概况、潜在细分市场的市场规模、客户组合等，只有具备了目标国家的相关知识，企业才能在国际化的市场中响应得更加及时和有效（Bromiley，1991）。并且，充足的知识可以使得国际化的企业在应对国际环境不确定性以及风险时做好充分的准备（Baird & Thomas，1985；Cheng & Kesner，1997）。因此，国际化企业所具备的深入的市场知识可以指导企业新产品开发活动的展开，同时也可以相应地提升新产品的成功概率，从而更能够开发出适合客户需求、顺应技术趋势，同时也更具有市场竞争力的产品。Plakoyiannki 等（2008）研究指出，对客户、细分市场和行业知识的深入了解，并加以应用，可以使企业基于客户的交易数据和关系质量，识别、描绘和划分出客户细分市场并找出关键客户。许晖等（2011）进一步将客户关系管理流程细分为战略规划、信息创造、价值创造与绩效评估四大流程。他们的研究指出，拥有客户、竞争者和行业等方面的知识，可以提高企业对客户关系管理决策方面的有效性。同时，可以帮助企业系统地获取和传播来源于客户的信息，更有利于理解客户偏好，提升企业和客户的关系质量。国际化企业拥有深入的市场知识，可以帮助企业深入分析客户的需求、购买偏好以及他们对产品或服务的价值判断，这样企业就可以有效运用各种市场策略与目标客户建立并维持客户关系。

基于以上理论回顾和分析，本书提出以下假设：

H2b：中国企业国际化进程中拥有的市场知识深度正向影响营销动态能力。

三、知识整合机制在市场知识的维度与营销动态能力之间的中介作用

第二次世界大战后，西方许多发达国家将大量的投资放在了科技方面，同时产生了许多科技方面的重要知识，但并不是所有国家的这些知识都可以和市场知识很好地整合，所得到的收益也是有限的。日本虽然没有在基础知识上做很多的投资，但由于其在知识整合上下了很大的功夫，得到了很高的回报。所以要使既有的知识有好的绩效，必须系统地、有组织地对现有的存量知识加以整合利用才可以（谢洪明等，2007）。

前文分别阐述了市场知识和知识整合机制对营销动态能力的作用机制。现在需要检验知识整合机制在市场知识和营销动态能力之间的中介作用。因为，企业的学习具有路径依赖的特点，组织学习所产生的知识包括显性的知识和隐性的知识。显性的知识容易传播，但隐形的知识具有特定的组织专属性，难以模仿。这些知识就可以成为组织持久竞争优势和核心能力的来源（Kogut & Zander，1992）。当国际化的企业高度投入学习时，才可以形成难以观察和模仿的新知识及新的核心能力。然而，根据知识基础视角，Grant（1996a）进一步说明，知识的难以传递性、专属性以及投机的心理，使得市场机制无法整合

这种类型的知识，因此，必须在企业内部或者在企业合作中进行。根据知识基础视角和权变理论，我们可以发现市场知识具有黏性，同时国际化企业面临较多的信息处理需求，都要求企业进行正式的知识整合（Birkinshaw，Nobel & Ridderstråle，2002；Galbraith，1973；Germain & Droge，1997；Kumar & Seth，1998；Thompson，1967）。知识基础视角理论也指出，不是知识本身带来竞争优势，而是通过知识整合机制，形成特定的能力才可以带来竞争优势（Grant，1991，1996a）。特别是，知识整合机制通过激发职能部门学习能力，增加新产品开发的想法，减少产品创新中的无效的开发和错误（Sheremata，2000），从而可能产生更好的绩效。根据 Iansiti 和 West（1997）的研究，在竞争比较激烈的行业中，企业新产品开发所需要的技术很难自行建立，一般会通过技术整合进行，并且企业技术整合得越好，企业研发的效率越高，从而创造的产品也就越好。在竞争激烈的国际环境中，企业利润与市场定位及区分市场的优势基本无关，主要来源于资源与能力的优势（Porter，1980），而资源与能力的优势要求将企业内部的知识进行整合。知识整合机制可以保证学习的流程，同时保证知识在各个职能部门之间分享、使用和学习。正式的知识整合机制提供了一个常规的反馈路径，这保证了做决策的速度和效率，从而及时应对国际市场的变化。通过有效的知识储备，提高供应链的敏捷性（Christopher & Towill，2001），能更好地为国际客户服务，及时满足他们的需求。因此，市场知识的维度对营销动态能力的作用是通过知识整合机制而进行的，因此本书提出假设：

H3a：知识整合机制的使用在市场知识宽度与营销动态能力之间起中介作用。

H3b：知识整合机制的使用在市场知识深度与营销动态能力之间起中介作用。

四、组织结构在市场知识的维度与知识整合机制之间关系的调节作用

Grant（1996b）指出，两种类型的能力构建机制，即组织结构和组织文化，对于整合及分配企业的资源是非常重要的。本书的研究集中于组织结构的两个方面：正式化和部门化，由于本书是基于知识的视角，所以同时集中于组织文化中的学习文化。

（一）正式化

合适的组织结构对于国际化企业快速整合和配置资源是非常重要的。组织结构的正式化是指，组织内的重点放在完成某项工作时遵守特定的规则和程序（Zaltman，Duncan & Holbeck，1973）。也就是说，对工作的规范及规章制度遵守的程度越正式，规章、规则、工作程序与责任等书面限制文件越多。而组织的正式化程度越低，越可以激发组织成员产生新的想法（Damanpour，1991）。Grant（1996a）指出，想要通过有效地整合和配置资源来应对环境的变化，组织就需要减少不必要的沟通。对于国际化的中国企业来说，一个正式化的组织结构有时对组织的跨部门沟通是有害的，因为正式的规则和程序往往会减少不同部门员工之间的非正式沟通。但是，Demarest（1997）认为，公司可以指定工作规则及工作程序，要求成员将内隐知识具体化为外显知识，正式化程度较高的组织也许会限制员工的工作行为，但如果将知识分享的参与及执行以制度化的方式加以规范，则员工的行为将会被引向一致的方向，员工可能会进行个人的知识分享或者团队的知识分享。Lee 和 Leifer（1992）从信息系统的角度认为，正式化的程度有利于组织知识的编码及储存，当知识具有内隐性或者复杂性的时候，知识本身具有难以传达及沟通的特性，通过正式化的组织结构，可以对知识进行有效的运用及传递，可以有利于组织其他成员学习、再调整、重复应用与搜寻。实际上，正式化的组织结构会减少组织成员内

部交流的密集程度，能有效和快速地整合各种知识（Demsetz，1988）。比如，通常情况下，在不同文化下建立正式的机制强调员工的沟通与互动，比教育员工要沟通效率更高（Grant，1996a）。此外，一个正式化的国际化企业的组织结构，可以促进企业按照某种特定的程序来配置资源，使得跨部门的商业流程变得更加容易，比如新产品开发活动可以变成程序化的流程，即概念测试、设计和生产。它也可以减少国际化企业母子公司之间对跨文化沟通的需求，增加母公司配置不同资源到不同职能部门的速度和效率（Sobrero & Roberts，2001）。因此，正式化的组织结构应该会增加知识的宽度以及知识的深度对知识整合机制使用的影响。基于以上理论分析，本书提出假设：

H4a：中国企业组织结构的正式化正向调节了市场知识宽度与知识整合机制使用之间的关系。

H4b：中国企业组织结构的正式化正向调节了市场知识深度与知识整合机制使用之间的关系。

（二）部门化

部门化的组织结构却是相反的情况，部门化可能会降低知识整合和配置的速度及效率。部门化是指，任务被限定在某一个特定部门以及不同部门成员之间相互隔离的程度（Mintzberg，1979）。它与分散化是不同的，因为它不给各个部门自主的决策权。一个组织越是部门化，每一个单位的员工之间的知识重叠的可能性越小，彼此相互了解的可能性会更加困难，更是增加了曲解目标的可能性，进而产生更多惰性、松弛，降低目标完成的效率和速度，甚至完不成目标。Galbraith（1973）指出，不同部门之间团队的问题解决方式可以给资源整合和配置的人际模式进行补充，其要求不同部门之间相互有直接的沟通。换句话说，即使采用其他机制可以减少沟通成本（Hutchins，1991），团队的问题解决以及决策制定还需要母子公司之间进行紧密的沟通。由于各个部门的知识范围不同，共同语言也会很少，进而降低了知识的相互重叠、依赖的部分。这些相互隔离的知识本身看起来相对不重要，但当联系在一起时，可能会给组织带来重大的意义（Wegner，1987）。在没有相同的知识背景前提下，对于彼此之间知识分享的沟通，必定造成影响，使得知识的传递效果不好。在中国企业国际化的进程中，部门化的结构使得员工几乎不能进行跨部门的沟通和联系，这损害了国际化企业的决策制定和问题解决的速度及效率，结果影响资源的配置以及时响应市场的变化。基于以上理论分析，本书提出假设：

H5a：中国企业组织结构的部门化负向调节了市场知识宽度与知识整合机制使用之间的关系。

H5b：中国企业组织结构的部门化负向调节了市场知识深度与知识整合机制使用之间的关系。

五、学习文化在市场知识的维度与知识整合机制之间关系的调节作用

学习文化是指企业成员对相互学习、从外部环境学习的承诺程度，具体包括：高层管理者认同企业的学习能力是关键的竞争优势、公司基本的价值观包括学习是提高的关键因素、公司认为员工学习是一种投资而不是消费、公司的学习被看作是组织生存的一个关键保障。学习文化影响了组织对现有知识的使用及满意程度，因此，也会影响即兴学习的程度。从这个方面看，学习文化影响了信息的获取、分析、评价和最后的接受及拒绝（Argyris & Schon，1978；Dixon，1992；Hedberg，1981）。三种组织的价值观是组织学习文化的核心，即对学习的承诺、开放的视野和共同的愿景（Day，1994；Senge，1990，1992；Tobin，1993）。

一个企业强烈的学习文化会促进成员关注于彼此的活动和规则，从而促进个人知识的制度化，快速发展出国际化企业各公司之间的规则，促进资源的共享（Slater & Narver，1995）。一方面，共享的资源使得成员的行为遵守“我们一直这样做”规则，这些规范化的行为可

以促进不同部门层级知识的收集，为了满足客户价值快速做出反应（Kogut & Zander，1992）；另一方面，一个学习的文化会使得部门成员清楚资源分配方式，以及怎样获得需要的资源（Huber，1991），即学习文化可以帮助国际化的企业在现有知识的基础上，增加新的知识，从而增加知识的维度对知识整合机制的作用。基于以上理论分析，本书提出假设：

H6a：中国企业的学习文化正向调节了市场知识的宽度与知识整合机制使用之间的关系。

H6b：中国企业的学习文化正向调节了市场知识的深度与知识整合机制使用之间的关系。

第二节　模型构建

综合以上分析，构建本研究的概念模型如图 3 – 1 所示。

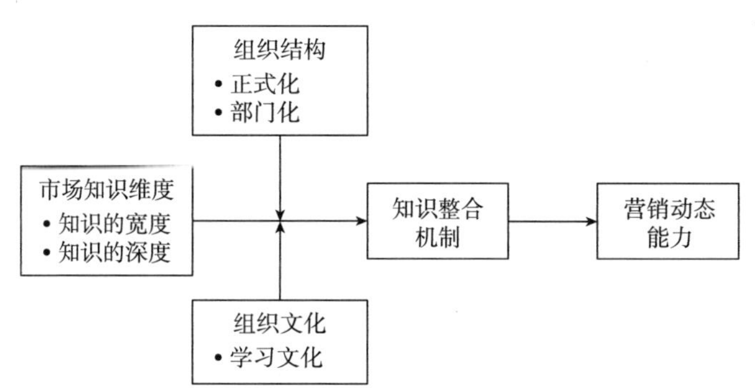

图 3 – 1　概念模型

在模型中，市场知识维度进一步细分为市场知识的宽度和市场知识的深度，其对国际化的中国企业构建营销动态能力非常重要，但仅有知识是不够的，知识还必须经过转化、整合才能真正成为能力，于是市场知识维度经过知识整合机制的使用，被企业所转化和整合并吸收，最终进一步形成企业的营销动态能力。在知识转化的同时，组织能力中组织结构和组织文化起到了很大的作用，因为不同的组织结构和组织文化中，知识转化的效果是不同的。于是模型重点考察了正式化、部门化、学习文化在市场知识维度和知识整合机制之间的调节效应。

第三节 小结

本章在综合已有的市场知识、知识整合机制、营销动态能力相关研究的基础上提出了本书的实证模型，即市场知识通过知识整合机制的使用影响国际化企业的营销动态能力，而正式化、部门化、学习文化在市场知识与知识整合机制的使用之间起调节作用，在此基础上提出了相应的理论假设（见表3－1）。本章提出了理论假设和实证模型，这些为下一步的研究设计和实证研究奠定了基础。

表3－1 理论假设总结

假设编号	假设内容
H 1a	市场知识的宽度越宽，国际化企业的知识整合机制使用就越多
H 1b	市场知识的深度越深，国际化企业的知识整合机制使用就越多
H 2a	中国企业国际化进程中拥有的市场知识宽度正向影响营销动态能力
H 2b	中国企业国际化进程中拥有的市场知识深度正向影响营销动态能力
H 3a	知识整合机制的使用在市场知识宽度与营销动态能力之间起中介作用
H 3b	知识整合机制的使用在市场知识深度与营销动态能力之间起中介作用
H 4a	中国企业组织结构的正式化正向调节了市场知识宽度与知识整合机制使用之间的关系
H4b	中国企业组织结构的正式化正向调节了市场知识深度与知识整合机制使用之间的关系
H 5a	中国企业组织结构的部门化负向调节了市场知识宽度与知识整合机制使用之间的关系
H 5b	中国企业组织结构的部门化负向调节了市场知识深度与知识整合机制使用之间的关系
H 6a	中国企业的学习文化正向调节了市场知识的宽度与知识整合机制使用之间的关系
H 6b	中国企业的学习文化正向调节了市场知识的深度与知识整合机制使用之间的关系

资料来源：笔者整理。

第四章　研究设计与数据准备

为了对由市场知识到企业营销动态能力这一研究链条进行深入而有效的分析，笔者在构建合理的分析框架基础上，还需要考虑如何正确地选择研究方法，同时进行科学的研究设计。因此，基于前面章节提出的整合性分析框架和概念模型，本章将从研究方法的选择、研究变量的测量、预调研及正式调研的数据来源、问卷筛选的原则、数据处理以及分析方法等方面进行具体的阐述。

第一节　研究方法的选择

采用哪种研究方法一般取决于三大因素：研究问题的形式是什么；研究者控制行为事件的程度怎么样；研究重点是聚焦于当前还是历史的行为事件（Yin，1994）。基于以上三种不同的情况，学者们通常采用五种研究方法，即调查法、实验法、文献资料分析法、历史事件研究法和案例研究法，具体分类如表4－1所示。

表4－1　各种研究方法的特征

研究方法	研究问题的具体形式	控制行为事件的程度	聚焦于当前的行为事件
调查	谁？什么？哪里？程度怎样？	不需要	是
实验	怎样？为什么？	需要	是
文献资料分析	谁？什么？哪里？程度怎样？	不需要	是/否

续表

研究方法	研究问题的具体形式	控制行为事件的程度	聚焦于当前的行为事件
历史事件研究	怎样？为什么？	不需要	否
案例研究	怎样？为什么？	不需要	是

资料来源：Yin R. Case study research：Design and methods. Thousand Oaks：Sage Publication，1994.

由于本书接下来的研究涉及知识整合机制、环境动荡性、组织结构和组织文化怎样以及在多大程度上影响市场知识的维度与营销动态能力之间的关系，从本质上说是一种“怎样”和“程度多大”的问题，因此，没有必要控制调查对象的行为事件。而且，企业营销动态能力的提升和演进是一个将各种要素进行综合的系统，因此本书不适合采用试验法。同时，由于我国企业进入发达国家的时间比较短，有些还处于起步阶段，还没有构建出营销动态能力，并且也看不出其动态能力的演变，案例研究也不太适合。因此，有必要针对国际化中的中国企业进一步实施实证研究来扩大样本容量，从而增加研究结论的普适性和科学性，同时也能科学地回答“怎样影响”以及“影响的程度”等问题。

本书主要采用的是问卷抽样调查的方法，委托国内知名调查机构进行调查，以增强研究的科学性。本书没有采用二手数据，主要有以下几个方面的原因：①企业营销动态能力是一个较新的构念，其包含三个维度：新产品开发能力、客户关系管理能力与供应链管理能力。现有的二手数据只能很好地反映新产品开发能力，比如：新产品的数量或者新产品的利润率、专利的数量或者专利的引用率等一些客观指标；但是，后客户关系管理能力与供应链管理能力却很难被覆盖，不能准确地反映企业的营销动态能力。②知识整合机制属于企业内部管理的机制，二手数据很难获得；同样组织结构与组织文化也属于企业的内部管理机制，也很难通过二手数据获得。③环境的动荡性是企业对外界环境的感知，二手数据很难反映出感知的变化。因此，问卷抽样是合适的方法。

问卷抽样是指依据某些特定的原则，从研究对象总体中选取一部分个体样本，通过研究这部分个体来推断研究对象总体的特征。调查抽样过程一般包括三个部分：首先，需要对调查对象总体做出明确的定义；其次，需要运用合适的抽样方法从总体中抽取样本；最后，根据样本的相关统计数据来估算出总体的相关参数，也就是进行统计推论（王重明，1990）。因此，确定总体和选择合适的样本，都是关乎数据质量好坏的关键。另外，问卷的设计必须具有可靠性。王重明（1990）认为，问卷的设计一般包含四个方面：问卷的理论构思和目的、问卷的格式、问卷条目的语句和问卷的用词。进行问卷调研时，一般会根据问卷的目的来确定问卷的内容，并且问卷中尽量注意避免复杂的语句或者带有引导性的语句，要使条目的用语明确和具体，尽可能避免具有多重含义或暗含某种假设；同时问卷用词也要避免过于抽象。

第二节　研究变量的测量

本书直接运用现有文献中所提及的成熟量表，首先，由 6 位工商管理专业的硕士研究生将英文量表翻译成中文；其次，把原英文量表以及翻译好的量表给两位工商管理专业教授，请他们对量表进行评价并修改，同时课题组内部进行多轮讨论，确定适合的中文翻译；最后，邀请 3 位在实施国际化的中国企业中工作的高管，让其对翻译的中文量表按问题逐个进行评价，最终按照评价和建议对量表再次进行修订，保证了其具有很高的信度和效度。在进行大规模调研之前，笔者和课题组成员选择了福建省的相关企业作为调查对象，对问卷进行了预调研。由于福建省的企业具有良好的区位优势、人文优势、国际市场经验和渠道网络等，在国际化的过程中积累了很多实践经验，所以是合适的调查对象。在进行预调研的过程中，笔者和课题组成员详细地询问了企业内部受访者国际化的过程以及他们对问卷的看法和理解，并认真听取了他们对问卷的改进意见。预调研结束之后，笔者根据预调研的结果进行了探索性因子分析。按照分析的结果，笔者对问卷中的量表进行了调整，包括删除和调整了相关条目，并请相关工商管理专业教授再次对问卷进行审查，同时提出修改意见，课题组再进行讨论，最后形成了本研究的正式调查问卷（见附录 B）。以下部分将对本研究的测量方法和各种变量的测量指标进行具体介绍。

一、测量方法

调查问卷采用李克特五级量表，量表从 1 到 5 逐渐过渡，形成五个衡量的区间。其中，1 表示完全不同意，5 表示完全同意。该量表是由美国社会心理学家李克特于 1932 年首先提出的，后被学者们广泛采用。由于测试者是根据自己的主观判断来对题项作出评价，因此可能会影响问卷测试结果的客观性和准确性，从而导致研究结论出现偏差。所以，为了提高问卷的测试准确性，正式问卷委托国内知名调研机构进行，同时提出相应的要求。

（1）限定样本的选择。因为调研对象是中国企业“走出去”，向发达国家国际化，所以对发达国家首先要有一个界定。我们比较了各个组织机构对发达国家的界定，发现国际货币组织的界定相对科学和严谨。因此按照国际货币组织指定的发达国家，要求调研公司必须将目标锁定。

（2）限定调研对象的选择。这次调研对象主要是选择企业内部在管理、技术或营销岗位上工作多年，对企业比较熟悉的高层管理者填写问卷。

（3）为避免答卷者虽然知道问题的真实答案，但却不愿意回答而造成问卷信息漏填的现象，本问卷在卷首首先表明了本次调查属于纯学术研究，并承诺保密。

（4）为了防止问卷的题项引起歧义，使得答卷者因为不能清晰理解而造成答题偏差，笔者广泛征询了本领域内部的学术专家以及企业

的高管的意见，对问卷进行了多轮修订和预测试，尽量排除表达不清或容易引起歧义、误解的题项。

二、各变量的测量量表

由于营销动态能力是一个较新的构念，现有的实证研究大都基于 Fang 和 Zou（2009）的成熟量表，因此我们在进行问卷设计时，借鉴了该量表，从三个维度来对营销动态能力进行测量，分别为：产品开发能力，为了实现客户价值最大化，公司建立了跨部门的业务流程，这些流程可以有效地确定客户需求、设计新产品开发方案、制造、围绕新产品开发及工艺过程等方面而协调各部门之间的关系；客户关系管理能力，为了掌握顾客需求以及更好地满足顾客需求，公司建立了跨部门的业务流程，这些流程可以有效地获取和使用客户信息、建立和维持与客户的关系、提供售后服务并且为管理客户关系提供支持；供应链管理能力，为了管理和整合公司与客户之间的供应链，公司建立了跨部门的业务流程，这些流程可以有效地选择和确定合格的供应商，建立和管理采购及销售物流，完善产品的工作流。

市场知识的维度：本书进一步将市场知识的维度细分为市场知识的宽度和市场知识的深度两个方面。本书基于 Bierly 和 Chakrabarti（1996）以及 Moorman 和 Miner（1997）的量表，有选择地吸收，以测量市场知识的宽度，反映了一个企业关于客户组合、市场细分和技术背景的知识的丰富性，共有 3 个条目：公司吸收了各种不同客户组合的市场信息；公司吸收了各种细分市场的相关知识；公司吸收了本行业广泛的知识。知识的深度同样借鉴了 Moorman 和 Miner（1997）的量表，同时结合 Prabhu 等（2005）的量表，我们开发了知识深度的测量量表，反映了一个企业在其领域内，拥有的知识和技术专长的程度，共有 4 个条目：公司对所处行业非常熟悉；关于所处行业，公司有丰富的经验；在所处行业中，公司拥有的知识是深厚的；公司对行业内的市场及技术知识深入了解。

知识整合机制：借鉴 Zahra，Ireland 和 Hitt（2000）以及 Zahra 和 Nielsen（2002）关于知识整合机制的测量，我们使用 6 个条目评价一个企业使用一系列正式过程比如使用信息分享会议、对项目的正式分析等的程度，从而有效地捕捉、解释和整合知识。具体为：请被调查者回答在企业国际化过程中，企业在以下活动中，获取、解释、整合市场和技术信息与知识的程度如何：在公司正式的总结学习、研究报告中；在信息分享的会议活动中；在跨职能团队面对面的讨论活动中；在失败产品开发项目的正式分析活动中；在成功产品开发项目的正式分析活动中；在利用专家和咨询人员来整合知识的活动中。

正式化和部门化：本研究采用 Jaworski 和 Kohli（1993）的成熟量表，使用了 4 个条目来测量正式化，主要反映了国际化企业内部具有清晰的规则和政策的程度，分别是公司对所有的决策都有一个标准的程序；公司大多数任务都有相应的规则和程序；公司依靠合同规则和政策来控制每天的运营；公司员工在很多方面遵守书面程序。部门化的测量也使用了 4 个条目测量，主要反映了各个部门成员之间相互的隔离程度，分别为公司员工感觉各自部门的目标是不冲突的（反向编码）；保护部门的利益是一种做事方式；公司各部门之间的冲突很少（反向编码）；公司各部门员工之间有很多非正式交流的机会（反向编码）。

学习文化：基于 Sinkula，Baker 和 Noordewier（1997）的量表，进行了改编。我们使用了 4 个条目来测量，反映了国际化企业内部成员相互学习和从外部学习，并认为学习对企业进行国际化是有价值的。具体包括：高层管理者认为企业的学习能力是关键的竞争优势；公司的基本价值观包括学习是提高的关键因素；公司认为，员工学习是一种投资而不是消费；公司的学习被看作组织生存的一个关键保障。

三、控制变量的选取与测量

陈晓萍、徐淑英、樊景立（2012）在《组织与管理研究的实证方法》（第 2 版）中指出，做实证研究时需要对一些可能对因变量造成

影响的外生变量进行有效的控制，使其效应最小化或者抵消，甚至与自变量进行隔离。因此本书在实证部分，引入了相应的控制变量。控制变量是指除自变量以外，其他一切能使因变量发生变化的变量。如果这类变量不被控制的话，因变量就会发生变化，也就是自变量和一些其他因素共同引起因变量发生变化，从而与自变量相混淆，弄不清自变量和因变量的真正关系。但在实证研究中，不可能将所有的因素控制住，只能根据现有研究成果和实践经验，对部分起着重要作用的变量进行控制。本书选取了国际化企业的年龄、企业所有权性质、企业所属行业、海外投资的主要方式、公司近两年的销售额等作为控制变量。

（1）企业年龄。对市场变化有效和快速的反应是通过调整跨职能过程来获取资源，从而在不确定环境下指导企业运作（Bromiley，1991)。资源进一步细化可以具体代指知识，这样更具有可操作性。Jing 等（2008）指出，在知识积累速率相同的情况下，拥有知识存量多的企业一般存续时间较长。从这个意义上讲，企业年龄对企业营销动态能力会存在一定的影响。本书根据企业国际化的具体情境，将企业年龄划分为六个区间：2 年以下、3 ~5 年、6 ~10 年、11 ~20 年、21 ~30 年以及 31 年及以上，分别用数字 1 ~6 表示。

（2）企业的所有权性质。在国际化进程中，国有企业和非国有企业面临着相同的市场环境和竞争条件，可能绩效也不尽相同。因此要对企业国际化营销动态能力进行深入研究，有必要对企业的所有性质进行控制。本书将企业的所有权性质划分为以下五类：国有及国有控股、内资有限或股份公司（非国有控股)、中外合资（中方控股)、内资私营企业、其他，分别用数字 1 ~5 表示。

（3）企业所属行业。产业因素对学习导向、核心能力与组织绩效关系具有重要的影响（谢洪明等，2007)。本书的研究重点在于知识转化整合，行业的划分也十分关键。本书将企业所属的行业进一步划分为以下几种类型：信息/软件；电子、计算机与通信设备制造；医药制造；新材料/新能源；机械制造；纺织与化纤；交通运输/仓储和邮政；金融；租赁与商务服务；其他，分别用数字 1～10 表示。

（4）先前海外投资的主要方式。吴先明（2011）指出，我国企业进军海外的目的决定了海外投资的模式，包括市场寻求型、技术寻求型以及自然资源寻求型。而国际化企业先前的投资方式对营销动态能力的影响可能不同。因此，本书将企业先前的海外投资的主要方式进一步分为：独资新建；合资新建；并购海外企业。分别用数字 1～3 表示。

（5）企业近两年销售额。销售额可能会对市场的占有率产生重要影响，也可能反映了其具有很强的客户关系管理能力，所以需要控制住。本书进一步将公司近两年的销售额细分为：0～4000 万元；4001 万～4 亿元；4 亿元以上三个区间，分别用数字 1～3 表示。

变量的测量汇总表见表 4－2。

表 4－2　变量的测量汇总表

研究变量	测量指标	项数	理论基础支持
因变量			
企业营销动态能力		3	
产品开发能力	为了实现客户价值最大化，公司建立了跨部门的业务流程，这些流程可以有效地确定客户需求、设计新产品开发方案、制造、围绕新产品开发及工艺过程等方面而协调各部门之间的关系	1	Fang & Zou，2009
客户关系管理能力	为了掌握顾客需求以及更好地满足顾客需求，公司建立了跨部门的业务流程，这些流程可以有效地获取和使用客户信息、建立和维持与客户的关系、提供售后服务并且为管理客户关系提供支持	1	
供应链管理能力	为了管理和整合公司与客户之间的供应链，公司建立了跨部门的业务流程，这些流程可以有效地选择和确定合格的供应商，建立和管理采购及销售物流，完善产品的工作流	1	

续表

研究变量	测量指标	项数	理论基础支持
自变量			
市场知识的维度		7	
市场知识的宽度	公司吸收了各种不同客户组合的市场信息；公司吸收了各种细分市场的相关知识；公司吸收了本行业广泛的知识	3	Bierly & Chakrabarti, 1996；Moorman & Miner, 1997
市场知识的深度	公司对所处行业非常熟悉；关于所处行业，公司有丰富的经验；在所处行业中，公司拥有的知识是深厚的；公司对行业内的市场及技术知识深入了解	4	Moorman & Miner, 1997；Prabhu et al. , 2005
中介变量			
知识整合机制	在企业国际化过程中，企业在以下活动中，获取、解释、整合市场和技术信息与知识的程度如何？在公司正式的总结学习、研究报告中；在信息分享的会议活动中；在跨职能团队面对面的讨论活动中；在失败产品开发项目的正式分析活动中；在成功产品开发项目的正式分析活动中；在利用专家和咨询人员来整合知识的活动中	6	Zahra, Ireland & Hitt, 2000；Zahra & Nielsen, 2002
调节变量			
正式化	公司对所有的决策都有一个标准的程序；公司大多数任务都有相应的规则和程序；公司依靠合同规则和政策来控制每天的运营；公司员工在很多方面遵守书面程序	4	Jaworski & Kohli, 1993
部门化	公司员工感觉各自部门的目标是不冲突的（反向编码）；保护部门的利益是一种做事方式；公司各部门之间的冲突很少（反向编码）；公司各部门员工之间有很多非正式交流的机会（反向编码）	4	
学习文化	高层管理者认为企业的学习能力是关键的竞争优势；公司的基本价值观包括学习是提高的关键因素；公司认为，员工学习是一种投资而不是消费；公司的学习被看作是组织生存的一个关键保障	4	Sinkula, Baker & Noordewier , 1997
控制变量			
企业年龄	2 年以下、3 ~5 年、6 ~10 年、11 ~20 年、21 ~30 年以及 31 年及以上	6	Bromiley, 1991；Jing et al. , 2008
企业的所有权性质	国有及国有控股、内资有限或股份公司（非国有控股）、中外合资（中方控股）、内资私营企业、其他	5	课题组研讨

续表

研究变量	测量指标	项数	理论基础支持
控制变量			
企业所属行业	信息/软件；电子、计算机与通信设备制造；医药制造；新材料/新能源；机械制造；纺织与化纤；交通运输/仓储和邮政；金融；租赁与商务服务；其他	10	谢洪明等，2007
企业先前海外投资的主要方式	独资新建；合资新建；并购海外企业	3	吴先明，2011；课题组研讨
企业近两年销售额	0～4000 万元；4001 万元至 4 亿元；4 亿元以上		Cockburn et al.，2000；Scherer，1965；课题组研讨

注：各个指标的详细表述可见附录 B 中的正式调研问卷。

资料来源：笔者整理。

第三节 数据来源

在确定各研究变量的测量方法之后，形成了预调查问卷，具体见附录 A。预调查问卷由文本版本和电子版本组成。电子版本就是 Word 文档，填答者只需要在相应的题项上，把所选数字标成红色，便完成了选答。

为了获得有效的数据，我们对数据的来源进行了明确的界定。由于本研究的研究对象是处于国际化进程的中国企业，并且本研究的关注点在于企业国际化过程中营销动态能力形成的机理，因此，本研究数据的获取应该是企业中相关高管对企业相关内容的感知进行问卷填答。因此，对样本企业和受访者进行如下的界定：

（1）调研样本企业的属性界定。由于本书研究的重点在于国际化的中国企业中的知识管理，因此，样本企业包括三种类型：以并购方式进入发达国家或地区的企业；在发达国家或地区建立子公司、分公

司（全资、合资皆可）的企业；在发达国家或地区设立产品设计研发机构的企业。由于研究的需要，样本企业必须是中国内企业，这样才能准确地分析出中国企业在国际化进程中，营销动态能力的构建规律。

（2）调查对象的身份界定。由于本研究调查的内容是企业层面的数据，所以要求调查对象的人格化代表必须对企业有整体的把握，具体包括对企业的知识管理、技术、营销都具有深刻的认知，并且对企业的现状和历史都比较清楚，同时能够根据国际化企业的实际情况客观回答的人。因此，本研究锁定的目标人群是中国国际化企业中的高管、董事长秘书/助理、集团办公室主任、技术或研发中心负责人、营销部门负责人等。此外，为了保证收集样本的客观性，对调查对象的年龄、性别、学历等不做特别的要求和限制。

一、预调研数据来源

巴比（2005）指出，不管研究者设计资料收集的手段多么仔细，比如在调查问卷认真设计、认真推敲量表语句等，还是会存在一些错误。避免或者减少错误的最有效办法就是对问卷进行预调研。

笔者和课题组成员首先奔赴福建省进行访谈及调研，同时利用学院的资源，先后在南京大学 MBA、EMBA 等班级挑选符合条件的企业，然后请企业的相关人员对问卷进行填写。预调研部分采取现场调研（对福建省的调研），部分采取非现场调研（对南京大学 MBA、EMBA，采用邮寄或者 E-mail 问卷的方式）。

预调研的数据主要用来分析问卷内容的效度和信度，经过课题组讨论，对预调研的问卷进行修订，最终形成正式的调研问卷。

二、正式调研数据来源

本书正式问卷的具体内容见附录 B。之后通过专业调研公司调查 560 家公司，收回问卷 200 份，有效问卷 104 份。根据预调研的经验，我们在正式调研中严格控制了样本企业属性，严格界定发达国家和地区的范围，根据国际货币组织的定义，具体为：美国、德国、法国、意大利、西班牙、荷兰、比利时、奥地利、希腊、葡萄牙、芬兰、爱尔兰、斯洛伐克、斯洛文尼亚、卢森堡、爱沙尼亚、塞浦路斯、马耳他、日本、英国、加拿大、韩国、澳大利亚、中国台湾、瑞典、中国香港、瑞士、新加坡、捷克、挪威、以色列、丹麦、新西兰、冰岛、圣马力诺共35个国家和地区。

本研究采用的企业统计学变量有企业年龄、企业所有权性质、企业所属行业、企业海外投资主要类型、企业近两年销售额。如表4－3所示。

表4－3　研究样本企业统计特征（N＝104）

	企业统计变量	样本数	比例
企业年龄（年）	0～2	1	1.0
	3～5	0	0
	6～10	10	9.6
	11～20	27	26.0
	21～30	19	18.3
	31以上	46	44.2
	缺失	1	1.0
	合计	104	100.0
企业所有权性质	国有及国有控股	52	50.0
	民营	27	26.0
	集体	13	12.5
	三资（内资控股）	5	4.8
	三资（外资控股）	6	5.8
	其他	1	1.0
	合计	104	100.0

续表

	企业统计变量	样本数	比例
企业所属行业	信息/软件	13	12.5
	电子、计算机与通信设备制造	11	10.6
	医药制造	1	1.0
	新材料/新能源	3	2.9
	机械制造	19	18.3
	纺织与化纤	10	9.6
	交通运输/仓储和邮政	16	15.4
	金融	12	11.5
	租赁与商务服务	0	0
	其他	19	18.3
	合计	104	
企业海外投资主要类型	独资新建	52	50.0
	合资新建	29	27.9
	并购海外企业	11	10.6
	缺失	12	11.5
	合计	104	100.0
企业近两年销售额	0～4000万元	5	4.8
	4001万元至4亿元	26	25.0
	4亿元以上	67	64.4
	缺失	6	5.8
	合计	104	100.0

资料来源：笔者整理。

三、问卷筛选原则

课题组向调研公司明确指出，如果回收的问卷存在以下情况则视为无效问卷：①填答连续10项选项相同或明显敷衍作答；②遗漏选项连续出现4个包含4个以上；③问卷漏填项总共超过5个；④不按规定问答的，比如非规定范围内的一题多选等。一般来说，漏填或是拒填，属于非系统性或随机性的回答行为，可以通过采取一些措施进行补救。从统计上来说是一种随机变量的来源，影响不是很大。常用一些估计方法来补救，具体包括：中间数估计法、评价值估计法和回归估计法，这几种方法都是可行的。本研究由于无法判断答案，故采用中间数估计法。

第四节　数据分析方法

本研究中主要用到的数据分析方法有：描述性统计分析、信度和效度分析、探索性分析、相关性分析、多元线性回归分析、结构方程模型、中介变量的检验、有中介的调节变量的检验等。使用软件主要是：SPSS20.0、LISREL8.70 统计学软件。

一、ANOVA 方差分析

为了分析各子样本在主要变量上是否存在差异，对各子样本进行方差分析。方差分析（Analysis of Variance，ANOVA）是 R. A. Fister 于 1984 年发明的，一般用来对两个及两个以上存在差异的样本均值进行显著性检验，又称变异数分析或 F 检验，使用这种方法可以帮助寻找事物的内在规律。但随机变量和控制变量可能会造成研究结果的差异。

通过方差分析可以分析出不同水平的控制变量是否对结果产生显著影响。当控制变量的不同水平对结果产生显著影响时，则它和随机变量是共同作用的，必然会使结果有显著的变化；当控制变量的不同水平对结果没有产生显著影响的时候，则结果的变化主要由随机变量在作用，基本和控制变量无关（余建英、何旭宏，2003）。由于本研究的控制变量主要包括企业年龄、企业所有权性质、企业规模、所属

行业等，因此本书的方差分析属于多因素方差分析。

二、信度分析

检验潜变量量表在测量相关变量的稳定性和一致性时，一般要用到量表的信度分析，主要包括量表内部各个问项之间相符合的程度，以及重复测试的一致程度。在分析时，一般使用内部一致性、稳定性、等值性 3 个指标来检验信度。本书采用内部一致性检验量表的信度。这个指标通常用 Cronbach's α 系数进行评价，系数的值越大，意味着该量表各个题项之间的相关性就越大，则量表的内部一致性就越高。Hair 等（1998）给出了 Cronbach's α 的评价解释，他们认为当 Cronbach's α 大于 0.7 时，意味着该量表具有较高的信度；如果量表中的题项小于 6 个时，Cronbach's α 大于 0.6 也是可以接受的；0.5 是最低可以接受的信度水平；当 Cronbach's α 低于 0.35 时，则意味着量表的信度较差。

三、效度分析

一般在量表的评价中，常用效度指标有结构效度、内容效度。

结构效度又可以分为两种类型：收敛效度和判别效度。其主要用来检验量表实际测量是否与理论测量一致，也就是量表中的题项与理论上是否一致，一般用验证性因子分析（CFA）来检验结构效度，本书也采用该方法。

内容效度主要是用来反映量表各题项的测量内容的匹配程度。一般采用专家判断法来检验，具体为邀请相关领域的专家、学者和企业人士就题项与想测量内容的吻合程度进行判断，分别从理论和现实的角度进行评估。内容效度是非常重要的指标，只有通过内容效度检验、信度和结构效度检验的量表才是好的量表，具有理论基础的量表。

四、结构方程模型分析

为了分析多个潜变量不可以直接观测的变量之间的线性关系，一般用结构方程模型（SEM），该模型可以对多个潜变量之间的因果关系和作用路径进行有效的统计检验。具体包括两个方面的优势：可以处理潜变量；可以分析多个路径关系。因此，本书使用结构方程模型对研究假设进行检验。

有多个软件，如 AMOS、MPLUS、LISREL 可以进行结构方程分析，由于 LISREL 比较常用，所以本书使用 LISREL8.70 软件对模型进行估计。然后分别从两个方面（基本拟合指标、整体模型的拟合度）对结构模型的拟合度进行评价。

（一）基本拟合标准

模型的误差是否大于标准、是否存在误输入、协方差是否正定等问题一般使用基本拟合标准来判断。具体有 4 个方面：测量的误差不能为负；测量误差必须达到显著性水平；各题项的因子载荷不能太高，也不能过低，必须介于 0.5 ~0.95；标准误不能太大。

（二）整体模型拟合度

用来评价理论模型与数据拟合程度的指标。具体包含 3 类：绝对拟合度指标、简约拟合度指标以及增值拟合度指标。其中，用来确定模型可以解释协方差阵和相关矩阵的程度的是绝对拟合度指标，包括卡方值（χ^2）、平均近似值误差平方根（RMSEA）、拟合度指标（GFI）等。用来评价模型的简约程度的是简约拟合度指标，包括简约拟合指标（PGFI）、简约基准拟合指标（PNFI）等。将理论模型与虚无模型的结果进行比较的是增值拟合度指标，包括增值拟合指标（IFI）、规范拟合指标（NFI）、比较拟合指标（CFI）等。3 类指标的具体评价标准如表 4 –4 所示。

表 4-4　SEM 整体模型拟合度指标

	指标	评价标准
绝对拟合度	χ^2/df	<2
	GFI	>0.9
	RMSEA	<0.10
简约拟合度	PNFI	>0.5
	PGFI	>0.5
增值拟合度	NFI	>0.90
	IFI	>0.90
	CFI	>0.90

资料来源：笔者整理。

为了确保了各个量表的信度与效度，本书对每个潜变量及其题项进行了信度和效度分析。本书会根据实际情况重新调整量表，使得量表的信度和效度达到理想的标准，否则就调整到符合上述标准为止。

五、Bootstrapping 检验

Bootstrapping 技术的原理是当正态分布的假设不成立时，可以把经验抽样分布作为实际整体分布，从而用于参数估计。Bootstrapping 把研究样本作为抽样总体，采用放回取样原则，从研究样本中重复抽取一定数量的样本（例如，抽取 1000 次），通过平均每次抽样得到的参数估计作为最后的估计结果（Efron & Tibshirani，1993；Mooney & Duval，1993）。

因为 Bootstrapping 不需要分布假设，所以其避免了系数乘积检验违反分布假设的问题，并且该方法不依赖标准误，所以避免了由于不同标准误公式而产生结果不一致的问题。通过模拟研究发现，Bootstrapping 具有较高的统计效力（Briggs，2006；Cheung & Lau，2008；Williams & MacKinnon，2008；Taylor，MacKinnon & Tein，2008）。

第五节 小结

本章介绍了研究设计与数据准备，具体来说包括四个方面：首先说明了本研究所采用的研究方法是问卷调研的实证研究方法；其次介绍了各个研究变量的测量方法以及各测量方法的理论支持；再次介绍了预调研和正式调研中数据获取的来源和方式；最后介绍了数据分析方法。在一定程度上，本章将理论研究和实证研究相结合，为实证研究奠定了基础。

第五章　数据的分析

第一节　数据的描述性统计分析

下文中对研究涉及的各变量进行了描述性统计分析，该分析用各变量测量问项得分求取平均分，然后再求取所有被试在各变量上的平均分、标准差、最大值和最小值。通过这些描述性统计的结果可以了解样本企业的市场知识宽度、市场知识深度、营销动态能力、知识整合机制等的分布情况和一般反应。如表5－1所示。

表5－1　各研究变量的描述性统计分析表（N＝104）

变量	平均值	标准差	最小值	最大值
知识的深度	4.3774	0.54193	2.50	5.00
知识的宽度	4.1472	0.47127	2.67	5.00
知识整合机制	3.5817	0.60646	1.17	5.00
学习文化	4.0457	0.28580	3.00	5.00
正式化	4.0889	0.43500	3.00	5.00
部门化	2.3654	0.54072	1.00	3.75
营销动态能力	3.8813	0.69364	2.00	5.00

注：上述变量的测量皆使用李克特5点量表。

由表5－1结果（均为5点量表）可知，样本企业的知识深度整体平均值为4.3774，标准差为0.54193，知识宽度整体平均值为4.1472，标准差为0.47127，表明样本企业知识的深度和宽度处于较高水平，但存在一定的变异。企业的知识整合机制平均值为3.5817，标准差为0.60646，企业的学习文化平均值为4.0457，标准差为0.28580，企业的正式化平均值为4.0889，标准差为0.43500，企业的部门化平均值为2.3654，标准差为0.54072，企业的营销动态能力平均值为3.8813，标准差为0.69364。

第二节　各变量企业统计差异分析

一、各变量在企业年龄上的差异比较

本书在研究设计中，将样本按照样本企业年龄分成6组：2年以下、3~5年、6~10年、11~20年、21~30年以及31年及以上。但在被试样本中，3~5年没有样本。因此，最终只获得五个年龄段的5组。对这5组数据进行方差分析，分析结果见表5-2。结果显示，不同年龄组企业的知识整合机制、正式化、部门化、学习文化并没有表现出显著差异。但是，营销动态能力、市场知识的宽度、市场知识的深度有显著差异，因此，在后文的分析中，将其作为控制变量放入模型。

表5-2　各变量在企业年龄上的差异分析

变量	组间方差/df	组内方差/df	F	显著性
营销动态能力	1.142	0.446	2.559**	0.043
市场知识的宽度	0.440	0.215	2.044*	0.094
市场知识的深度	1.000	0.266	3.754***	0.007
知识整合机制	0.519	0.365	1.420	0.233

续表

变量	组间方差/df	组内方差/df	F	显著性
正式化	0.306	0.185	1.650	0.168
部门化	0.071	0.304	0.233	0.919
学习文化	0.533	0.338	1.578	0.186

注：* 表示 $p<0.1$，** 表示 $p<0.05$，*** 表示 $p<0.01$。

二、各变量在企业所有权性质上的差异比较

本书在研究设计中，将样本按照样本企业所有权性质分成 5 组：国有及国有控股、内资有限或股份公司（非国有控股）、中外合资（中方控股）、内资私营企业、其他。对这 5 组进行方差分析，分析结果见表 5－3。结果显示，不同所有权企业的市场知识的宽度、市场知识的深度、知识整合机制、正式化并没有表现出显著差异。但是，在营销动态能力、部门化、学习文化有显著差异，因此，在后文的分析中，将其作为控制变量放入模型。

表 5－3　各变量在企业所有权性质上的差异分析

变量	组间方差/df	组内方差/df	F	显著性
营销动态能力	1.089	0.450	2.419**	0.041
市场知识的宽度	0.039	0.231	0.167	0.974
市场知识的深度	0.474	0.285	1.664	0.150
知识整合机制	0.315	0.370	0.851	0.517
正式化	0.124	0.193	0.642	0.668
部门化	0.726	0.270	2.687**	0.026
学习文化	1.505	0.284	5.302***	0.000

注：* 表示 $p<0.1$，** 表示 $p<0.05$，*** 表示 $p<0.01$。

三、各变量在企业所属行业上的差异比较

本书在研究设计中，将样本按照样本企业所属行业分成10组：信息/软件；电子、计算机与通信设备制造；医药制造；新材料/新能源；机械制造；纺织与化纤；交通运输/仓储和邮政；金融；租赁与商务服务；其他。但在被试样本中，租赁与商务服务行业没有样本。因此，最终只获得9组。对这9组样本进行方差分析，分析结果见表5－4。结果显示，不同行业的企业的营销动态能力、市场知识的宽度、知识整合机制、正式化并没有表现出显著差异。但是，市场知识的深度、部门化、学习文化有显著差异，因此，在后文的分析中，将其作为控制变量放入模型。

表5－4 各变量在企业所属行业上的差异分析

变量	组间方差/df	组内方差/df	F	显著性
营销动态能力	0.572	0.473	1.208	0.303
市场知识的宽度	0.216	0.223	0.968	0.466
市场知识的深度	0.760	0.254	2.987***	0.005
知识整合机制	0.365	0.368	0.991	0.448
正式化	0.206	0.188	1.096	0.373
部门化	1.008	0.232	4.344***	0.000
学习文化	1.010	0.287	3.518***	0.001

注：*表示 $p<0.1$，**表示 $p<0.05$，***表示 $p<0.01$。

四、各变量在企业先前海外投资主要方式上的差异比较

本书在研究设计中，将样本按照样本企业先前海外投资主要方式分成3组：独资新建；合资新建；并购海外企业。因此，对这3组进行方差分析，分析结果见表5－5。结果显示，不同行业的企业的市场

知识的宽度、市场知识的深度、知识整合机制、正式化、学习文化并没有表现出显著差异。但是，营销动态能力、部门化有显著差异，因此，在下面的分析中，将其作为控制变量放入模型。

表 5－5　各变量在先前海外投资主要方式上的差异分析

变量	组间方差/df	组内方差/df	F	显著性
营销动态能力	1.505	0.471	3.195**	0.046
市场知识的宽度	0.044	0.222	0.198	0.821
市场知识的深度	0.426	0.287	1.482	0.233
知识整合机制	0.150	0.357	0.422	0.657
正式化	0.358	0.190	1.885	0.158
部门化	1.022	0.288	3.548**	0.033
学习文化	0.168	0.330	0.509	0.603

注：* 表示 $p<0.1$，** 表示 $p<0.05$，*** 表示 $p<0.01$。

五、各变量在企业近两年销售额上的差异比较

本书在研究设计中，将样本按照样本企业近两年销售额分成 3 组：0～4000 万元；4001 万元至 4 亿元；4 亿元以上。因此，对这 3 组进行方差分析，分析结果见表 5－6。结果显示，不同行业的企业的营销动态能力、市场知识的宽度、市场知识的深度、知识整合机制、正式化、部门化并没有表现出显著差异。但是，学习文化有显著差异，因此，在后文的分析中，将其作为控制变量放入模型。

表 5－6　各变量在近两年销售额上的差异分析

变量	组间方差/df	组内方差/df	F	显著性
营销动态能力	0.241	0.490	0.491	0.689
市场知识的宽度	0.091	0.224	0.404	0.751
市场知识的深度	0.557	0.295	1.888	0.137

续表

变量	组间方差/df	组内方差/df	F	显著性
知识整合机制	0.178	0.390	0.458	0.713
正式化	0.270	0.193	1.396	0.249
部门化	0.101	0.302	0.336	0.799
学习文化	0.763	0.343	2.225*	0.090

注：*表示 $p<0.1$，**表示 $p<0.05$，***表示 $p<0.01$。

第三节　变量测量的效度分析

一般认为，效度的操作性定义是所采用的测量工具对其所要测评的特性测量到什么程度的估计，是一个相对的概念。首先，效度是由于某种特定的测评目的而存在的，任何测评工具的编制必须做到有目的性，否则，测评是没有意义的；其次，效度是对程度的估计，是针对特定的测评目的来说的，效度只是表面程度上的差异性，而不是全或无的差别（唐宁玉，2002）。

根据研究的目的和估计方法的差异，可以将效度具体分为三类：内容效度、效标关联效度以及结构效度。具体说明如下：

第一，内容效度，是指一项测试能够测量具有代表性的内容所达到的程度。也就是通过对测量内容进行系统的检查，确定该测试是否是所需要测量内容的代表性取样。因为任何调查问卷都不可能包括所有需要测量的全部可能的内容，只能选择其中具有代表性的样本，通过对样本的衡量来推测总体的表现。因此，选择样本的恰当性是非常重要的，如果选择的题目过难或过易或偏向于某个部分的内容，就会使调查样本对总体估计的准确性降低，这就需要问卷具有内容效度（王海军、徐克静，1994）。

第二，效标关联效度，是指测试结果与外在效标之间的相互关联

的程度。被试的测量结果应该与某种外在的标准进行比较，如果两者的相关性较强，则表明所采用的测量工具的效标关联效度越高。因为本书为实证研究，因此，对效标关联效度不进行讨论。

第三，结构效度，是指一项测试能够符合理论结构的程度。也就是说，所测量的概念应该具有科学意义，与理论假设相符合。因此，结构效度反映了测试结果与原有理论结构的匹配程度。可以具体分为两种：收敛效度和判别效度。收敛效度，是指处于同一个维度内的题项，彼此之间应该具有较高的关联性；判别效度，是指不同维度的题项，彼此之间的相关性应该较低（Harman，1967）。

为了满足内容效度的测量，问卷的主要内容均引用相关领域权威期刊上发表文章所使用的成熟量表。而问卷中的所有题项均在原文基础上进行翻译，同时进行中国情境化的处理，并根据研究的需要进行适当的修改，最终形成问卷。为了使量表的翻译更为准确，笔者邀请英语专业硕士研究生提供指导，并进行了逆向翻译，力求做到与原意保持一致。在此基础上，邀请相关理论及实践专家就词句的表达提供修改意见，力图使问卷的每个题项的含义清楚明白，同时又简明扼要，从而保证了问卷内容的整体性，尽可能地提高了效度。因此，量表应该具有理想的内容效度。

基于以上，本书问卷的效度分析主要是结构效度的分析，具体可分为收敛效度分析和判别效度分析。

判别效度代表了不同潜变量之间差异化的程度，通常采用探索性因子进行分析，一般是通过计算测量各题项的因子载荷，从而进行评价。本书将通过探索性因子分析进行判别效度的检验。进行效度检验和信度分析是为了确保每个量表测量特定变量的充分性和适当性。本书运用 Varimax 法对变量的测量题项进行探索性因子分析（EFA），利用因子分析提取特征值大于 1 的因子，并将各个因子加以旋转，使得各个变量在因子上的载荷向 0 ~ 1 两极分化。

收敛效度，具体是指同一维度内，不同的题项之间具有高度的相关性。本书包含 7 个潜变量，每个变量由多个题项组成。因此，适合采用一阶验证性因子分析来进行验证。本书中的拟合度指标 CFI, NFI, GFI 一般在 0.8 ~0.9, 0.9 以上为理想的指标; RMSEA 指标越小越好,一般小于 0.1 为可接受的水平。此外,因子负荷量 λ 采用的标准是大于 0.5,并且要求显著(Hair et al.,1998)。组合信度一般代表了维度的内部一致性,采用的标准是:大于 0.6 (Fornell & Lacker, 1981)。萃取方差是指维度内所有题项对该维度的方差解释能力,也是按照 Fornell 和 Lacker (1981) 建议的标准:大于 0.5。

第四节 探索性因子分析和信度检验

本章对预测试问卷进行了探索性因子分析和信度检验,从原先的题项中提炼出具有一般特征的少数变量,进一步寻找理论模型中变量之间的潜在关系。在此基础上对问卷的各个条目进行完善,之后进行正式测试的验证性因子分析。关于样本数量,学术界对探索性因子分析所需达到的最低样本容量的问题,也没有达成一致的共识。不过,一般来说,因子分析的样本数与变量数的比例应该达到 5 ~10 倍,或样本数达到变量中题项数目的 5 ~10 倍。本书的模型中因子分析需要处理的最多变量数为 7,其中变量的最多题项数为 6,因此,86 份样本应该基本满足样本预测试的要求。本节首先对第一批收集的 86 份有效问卷进行探索性因子分析,之后对第二批收集的 104 份有效问卷进行了验证性因子分析,符合 Gorsuch (1983) 等的观点,也就是受测总样本数应大于 100 份。

由于一般使用多元统计分析处理多变量的问题,而多变量之间可能存在一定程度的相关性,因此,多变量中可能存在重叠的信息,从而增加了分析的复杂性。为了克服这种相关性和重叠性,统计学家主张将原来较多的变量用较少的变量代替,同时也能保留住原来多个变量的主要信息。这就是"降维"的思想。因子分析实际上是降维以将数据进行简化的处理技术。通过研究众多变量之间的内部关系,因子分析努力寻求

用少数几个“抽象”的变量来代表观测数据的基本结构。而这几个抽象的变量被称为“因子”，可以反映原来众多变量的主要信息。原始的变量是可观测的外显变量，而因子一般是不可观测的潜变量。一种通过外显变量来测评潜在变量，即通过具体指标来测评抽象因子的具体统计分析方法就是因子分析（朱建平和殷瑞飞，2007）。

在提取因子之前，一般会默认原有各变量之间应该具有很强的相关性。所以，在进行因子分析之前，需要对原有各变量之间的相关性进行测量。一般用 Bartlett 球形检验和 KMO（Kaiser – Meryer – Olkin）来进行检验。一般来说，KMO 的取值在 0 ~ 1，当各变量之间的相关性越强时，KMO 值越大，则原有变量越适合做因子分析；相反，当各变量之间的相关性越弱时，KMO 值越小，则意味着各变量间的相关性就越弱，原有变量就越不适合做因子分析。一般遵循的 KMO 标准：KMO >0. 9 表示非常合适；KMO >0. 8 表示合适，KMO >0. 7 表示一般合适，KMO >0. 6 表示不太合适，KMO >0. 5 表示极不合适（薛薇，2006）。

本书采用 KMO 的检验方法，在原始变量满足因子分析的前提后，对其进行因子分析。同时本书采用主成分分析法进行因子分析。其主要目的是通过主成分分析降低数据的维度，同时保留住原数据的大部分信息。并选取因子值大于 1 的因子，并运用方差最大法进行正交旋转，提取的因子负荷大于 0. 4，且各因子题项大于 1 题以上的因子作为命名的基础。

信度分析是测评结果的前后一致性，也就是评价得分使人们可以信赖的程度有多大。一个好的量表，它的测量结果应该是可靠的，而且经过多次反复测量，其结果也应保持一致。信度系数的估计方法可以分为分半信度、再测信度、同质性信度等几种。

分半信度是在测试以后将测试项目分成两半，分别计分，由两半系数之间的相关系数得到信度系数。它实际上是检验一个测试内部一致性的一个粗略估计。再测信度是指同一个测验项目，对同一组人员进行前后两次测试，两次测试所得分数的相关系数即为再测信度。它反映两次测试结果有无变动，也就是测试分数的稳定程度，所以又称为稳定性系数。同质性信度也称为内部一致性，指的是测试内部所有题项间的一致性。L. J. Cronbach（1951）提出 α 系数计算法，是使用最多的同质性信度计算方法（余建英、何旭宏，2003），后被广泛应用于社会科学领域的信度分析。

在前人研究的基础上，吴明隆（2010）指出，对于一般的探索性研究，信度系数的要求标准是 α（系数值）≥0.5。如果 $0.5 < \alpha < 0.6$，可以接受整个量表但不理想，需要重新编制或修订；$0.6 < \alpha < 0.7$ 尚佳，勉强可以接受整个量表；若 $\alpha > 0.7$，则可构念具有足够的信度，整个量表可以被接受。

一、市场知识宽度的探索性因子分析和信度检验

进行因子分析之前，本书首先进行了 KMO 和 Bartlett 球形检验，对市场知识宽度的检验结果显示，其 KMO 值为 0.637，而 Bartlett 球形检验结果则显示 P = 0.000，说明数据适宜做因子分析。

本书采取特征值方法提取因子，结果显示，提取的 1 个因子与之前的理论构思一致。1 个因子的累计解释变异量为 59.225%。如表 5－7所示。

表 5－7　市场知识宽度的探索性因子分析（N = 86）

项目	平均数	标准差	因子
			1
市场知识的宽度 1	4.22	0.562	0.762
市场知识的宽度 2	4.13	0.629	0.819
市场知识的宽度 3	4.24	0.573	0.725
特征值			1.777
变异解释量（%）			59.225
累计解释变异量（%）			59.225

接下来，本书对“市场知识的宽度”构念整体进行信度分析。如表 5－8 所示，对“市场知识宽度”构念下的 3 个题项进行整体信度分

析，得出 Cronbach's α 系数为 0.655，表明构念层面信度尚佳，并且变量构成题项的“删除该题项后的 Cronbach's α 系数”均小于整体 α 系数，则“市场知识宽度”构念下各题项之间具有较好的内部一致性。由于样本的特殊性、预调研的样本数量、量表题项内容以及受访者对各题项的理解等因素，均有可能带来一定程度的误差，因此，为了保证研究的严谨性，研究者在受访者答完问卷时一般会征询其意见，得知受访者意见后认为，该量表的表述不太清楚，容易引起误解，于是，在大样本收集中，本研究对问卷中该量表的部分表述作了优化。如表 5 - 8 所示。

表 5 - 8 市场知识的宽度量表的信度系数（N = 86）

市场知识的宽度	Cronbach's Alpha	Cronbach's Alpha if Item Deleted
市场知识的宽度 1	0.655	0.572
市场知识的宽度 2		0.468
市场知识的宽度 3		0.620

二、市场知识深度的探索性因子分析和信度检验

在因子分析前首先进行 KMO 检验和 Bartlett 球形检验，市场知识深度检验结果显示 KMO 值为 0.745，Bartlett 球形检验结果显示 P = 0.000，说明数据适宜做因子分析。

本书采取特征值方法提取因子，结果显示，提取的 1 个因子与之前的理论构思一致。1 个因子的累计解释变异量为 57.255%。如表 5 - 9所示。

表 5 - 9 市场知识深度的探索性因子分析（N = 86）

项目	平均数	标准差	因子
			1
市场知识的深度 1	4.44	0.566	0.733
市场知识的深度 2	4.17	0.672	0.735

续表

项目	平均数	标准差	因子
			1
市场知识的深度3	4.22	0.658	0.795
市场知识的深度4	4.17	0.654	0.762
特征值			2.290
变异解释量（%）			57.255
累计解释变异量（%）			57.255

对“市场知识的深度”进行信度分析，得出 Cronbach's α 系数为 0.750，表明该构念层面的信度甚佳。并且“删除该题项后的 Cronbach's α 系数”均小于整体 α 系数，表明“市场知识的深度”构念的设计具有可靠的内部一致性（见表5－10）。同样，在征询了受访者的意见后，认为该量表的部分表述不太清楚。于是，在大样本收集中，本书对问卷中该量表的部分表述作了优化。

表5－10 市场知识的深度量表的信度系数（N＝86）

市场知识的深度	Cronbach's Alpha	Cronbach's Alpha if Item Deleted
市场知识的深度1	0.750	0.707
市场知识的深度2		0.706
市场知识的深度3		0.661
市场知识的深度4		0.690

三、知识整合机制的探索性因子分析和信度检验

在因子分析前首先进行 KMO 检验和 Bartlett 球形检验，知识整合机制检验结果显示 KMO 值为 0.813，Bartlett 球形检验结果显示 P＝0.000，说明数据适宜做因子分析。

本书采取特征值方法提取因子，结果显示，提取的1个因子与之前的理论构思一致。1个因子的累计解释变异量为51.926%。如表5－11所示。

表 5-11　知识整合机制的探索性因子分析（N=86）

项目	平均数	标准差	因子
			1
知识整合机制 1	3.81	0.901	0.649
知识整合机制 2	3.83	0.770	0.700
知识整合机制 3	3.63	0.908	0.814
知识整合机制 4	3.57	0.952	0.717
知识整合机制 5	3.78	0.846	0.761
知识整合机制 6	3.42	1.000	0.670
特征值			3.116
变异解释量（%）			51.926
累计解释变异量（%）			51.926

对“知识整合机制”进行信度分析，得出 Cronbach's α 系数为 0.810，表明该构念层面的信度很好。并且“删除该题项后的 Cronbach's α 系数”均小于整体 α 系数，表明“知识整合机制”构念的设计具有可靠的内部一致性，具体如表 5-12 所示。

表 5-12　知识整合机制量表的信度系数（N=86）

知识整合机制	Cronbach's Alpha	Cronbach's Alpha if Item Deleted
知识整合机制 1	0.810	0.796
知识整合机制 2		0.785
知识整合机制 3		0.752
知识整合机制 4		0.784
知识整合机制 5		0.771
知识整合机制 6		0.793

四、学习文化的探索性因子分析和信度检验

在因子分析前，首先进行 KMO 检验和 Bartlett 球形检验，学习文

化检验结果显示 KMO 值为 0.739，Bartlett 球形检验结果显示 P = 0.000，说明数据适宜做因子分析。

本书采取特征值方法提取因子，结果显示，提取的 1 个因子与之前的理论构思一致。1 个因子的累计解释变异量为 57.821%。如表 5 - 13 所示。

表 5 - 13　学习文化的探索性因子分析（N = 86）

项目	平均数	标准差	因子
			1
学习文化 1	4.35	0.665	0.806
学习文化 2	4.29	0.666	0.846
学习文化 3	4.37	0.614	0.711
学习文化 4	4.14	0.706	0.665
特征值			2.313
变异解释量（%）			57.821
累计解释变异量（%）			57.821

对“学习文化”进行信度分析，得出 Cronbach’s α 系数为 0.752，表明该构念层面的信度很好。并且“删除该题项后的 Cronbach’s α 系数”均小于整体 α 系数，表明“学习文化”构念的设计具有可靠的内部一致性（见表 5 - 14）。同样，在征询了受访者的意见后，本书认为该量表的部分表述不太清楚。于是，在大样本收集中，本书对问卷中该量表的部分表述作了优化。

表 5 - 14　学习文化量表的信度系数（N = 86）

学习文化	Cronbach’s Alpha	Cronbach’s Alpha if Item Deleted
学习文化 1	0.752	0.666
学习文化 2		0.627
学习文化 3		0.722
学习文化 4		0.751

五、正式化的探索性因子分析和信度检验

在因子分析前，首先进行 KMO 检验和 Bartlett 球形检验，正式化检验结果显示 KMO 值为 0. 734，Bartlett 球形检验结果显示 P = 0. 000，说明数据适宜做因子分析。

本书采取特征值方法提取因子，结果显示，提取的 1 个因子与之前的理论构思一致。1 个因子的累计解释变异量为 56. 294%。如表 5 – 15 所示。

表 5 – 15　正式化的探索性因子分析（N = 86）

项目	平均数	标准差	因子
			1
正式化 1	4. 00	0. 782	0. 734
正式化 2	4. 14	0. 617	0. 759
正式化 3	3. 92	0. 598	0. 762
正式化 4	3. 72	0. 863	0. 746
特征值			2. 252
变异解释量（%）			56. 294
累计解释变异量（%）			56. 294

对“正式化”进行信度分析，得出 Cronbach’s α 系数为 0. 729，表明该构念层面的信度很好。并且“删除该题项后的 Cronbach’s α 系数”均小于整体 α 系数，表明“正式化”构念的设计具有可靠的内部一致性（见表 5 – 16）。在大样本收集中，本书对问卷中该量表个别题项的表述作了优化。

表 5 - 16　正式化量表的信度系数（N = 86）

正式化	Cronbach's Alpha	Cronbach's Alpha if Item Deleted
正式化 1	0.729	0.674
正式化 2		0.665
正式化 3		0.662
正式化 4		0.675

六、部门化的探索性因子分析和信度检验

在因子分析前首先进行 KMO 检验和 Bartlett 球形检验，部门化检验结果显示 KMO 值为 0.718，Bartlett 球形检验结果显示 P = 0.000，说明数据适宜做因子分析。

本书采取特征值方法提取因子，结果显示，提取的 1 个因子与之前的理论构思一致。1 个因子的累计解释变异量为 56.859%。如表 5 - 17 所示。

表 5 - 17　部门化的探索性因子分析（N = 86）

项目	平均数	标准差	因子
			1
部门化 1	2.20	0.749	0.757
部门化 2	2.56	0.915	0.817
部门化 3	2.26	0.754	0.856
部门化 4	1.99	0.694	0.550
特征值			2.274
变异解释量（%）			56.859
累计解释变异量（%）			56.859

对“部门化”进行信度分析，得出 Cronbach's α 系数为 0.740，表明该构念层面的信度很好。并且“删除该题项后的 Cronbach's α 系数”均小于整体 α 系数，表明“部门化”构念的设计具有可靠的内部

一致性（见表5－18）。在大样本收集中，本书对问卷中该量表个别题项的表述作了优化。

表5－18　部门化量表的信度系数（N＝86）

部门化	Cronbach's Alpha	Cronbach's Alpha if Item Deleted
部门化1	0.740	0.685
部门化2		0.634
部门化3		0.600
部门化4		0.713

七、营销动态能力的探索性因子分析和信度检验

在因子分析前，首先进行KMO检验和Bartlett球形检验，营销动态能力检验结果显示KMO值为0.697，Bartlett球形检验结果显示P＝0.000，说明数据适宜做因子分析。

本书采取特征值方法提取因子，结果显示，提取的1个因子与之前的理论构思一致。1个因子的累计解释变异量为68.467%。如表5－19所示。

表5－19　营销动态能力的探索性因子分析（N＝86）

项目	平均数	标准差	因子
			1
营销动态能力1	4.06	0.757	0.831
营销动态能力2	3.95	0.701	0.841
营销动态能力3	4.01	0.711	0.810
特征值			2.054
变异解释量（%）			68.467
累计解释变异量（%）			68.467

对“营销动态能力”进行信度分析，得出 Cronbach's α 系数为 0.769，表明该构念层面的信度很好。并且“删除该题项后的 Cronbach's α 系数”均小于整体 α 系数，表明“营销动态能力”构念的设计具有可靠的内部一致性，如表 5-20 所示。

表 5-20　营销动态能力量表的信度系数（N=86）

营销动态能力	Cronbach's Alpha	Cronbach's Alpha if Item Deleted
营销动态能力 1	0.769	0.684
营销动态能力 2		0.667
营销动态能力 3		0.716

第五节　正式问卷的验证性因子分析

在做具体的验证性因子分析之前，需要检验同源方差的问题。因为本书样本的获取非常困难，所以为方便起见，各变量都设计在同一问卷里，虽然恰当安排问卷条目的顺序可以在一定程度上减少人们的一致性动机，从而减少同源方差问题（Podsakoff & Organ，1986）。但一家国际化企业的相关人员在某一时间填答一份问卷，仍然存在同源方差问题（Podsakoff & Organ，1986；Spector，1994）。因此，本书进行了 Harman 的单因子检验，也就是把所有变量的条目放在一起进行因子分析。分析结果表明：在本书中问卷的所有条目一起做因子分析在未旋转时得到的第一主成分占载荷量的 25.7%，根本没有占到多数，所以同源偏差并不严重。

基于前面预测试数据的探索性因子分析，为了保证正式调研数据的信度和效度水平与研究思路以及前期预调研的探索性分析结论保持一致，从而保证模型拟合度具有匹配性，本书将对正式调研的数据进

行验证性因子分析。本书正式调研的有效问卷为104份，问卷内容在经过预测试之后略有调整，所以与用于探索性因子分析的预测试数据不同。

一、市场知识深度的验证性因子分析

我们采用LISREL8.70对市场知识深度的测量进行验证性因子分析，结果如图5－1所示，在模型的拟合度指标中，RMSEA＝0.036，小于0.1的接受标准；CFI＝0.99，IFI＝0.99，GFI＝0.98，NFI＝0.98，超过0.9的理想水平，市场知识深度的一因子结构能较好地拟合样本数据，该一阶验证性因子模型具有较高的拟合度。

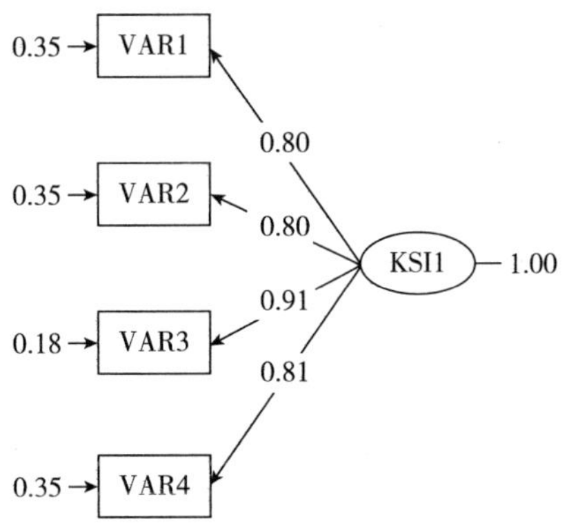

图5－1　市场知识深度的验证性因子分析结果

二、知识整合机制的验证性因子分析

我们采用LISREL8.70对知识整合机制的测量进行验证性因子分析，结果如图5－2所示，在模型的拟合度指标中，RMSEA＝0.092，小于 0.1 的接受标准；CFI = 0.92，IFI = 0.97，GFI = 0.95，NFI = 0.94，超过 0.9 的理想水平，知识整合机制的一因子结构能较好地拟合样本数据，该一阶验证性因子模型具有较高的拟合度。

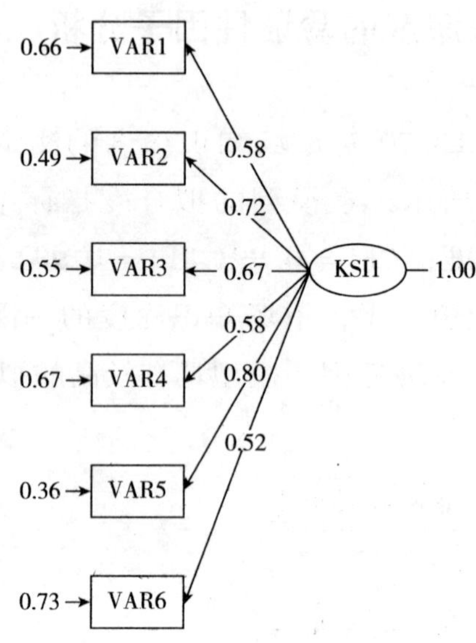

图 5-2　知识整合机制的验证性因子分析结果

三、学习文化的验证性因子分析

我们采用 LISREL8.70 对学习文化的测量进行验证性因子分析，结果如图 5-3 所示，在模型的拟合度指标中，RMSEA = 0.043，小于 0.1 的接受标准；CFI = 0.99，IFI = 0.99，GFI = 0.98，NFI = 0.99，超过 0.9 的理想水平，学习文化的一因子结构能较好地拟合样本数据，该一阶验证性因子模型具有较高的拟合度。

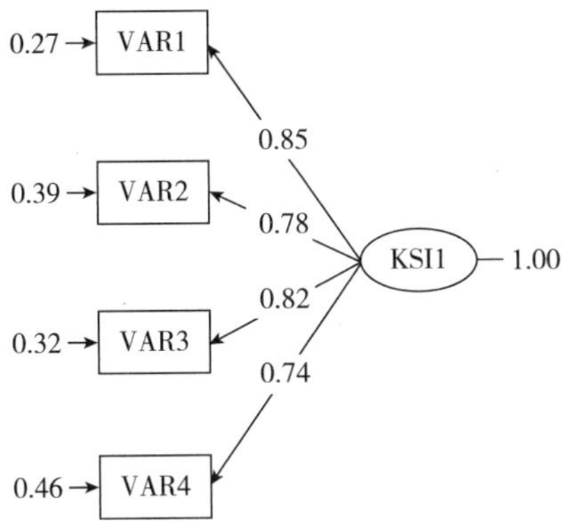

图 5－3　学习文化的验证性因子分析结果

四、正式化的验证性因子分析

我们采用 LISREL8.70 对正式化的测量进行验证性因子分析，结果如图 5－4 所示，在模型的拟合度指标中，RMSEA＝0.000，小于 0.1 的接受标准；CFI＝0.99，IFI＝0.99，GFI＝0.98，NFI＝0.98，超过 0.9 的理想水平，正式化的一因子结构能较好地拟合样本数据，该一阶验证性因子模型具有较高的拟合度。

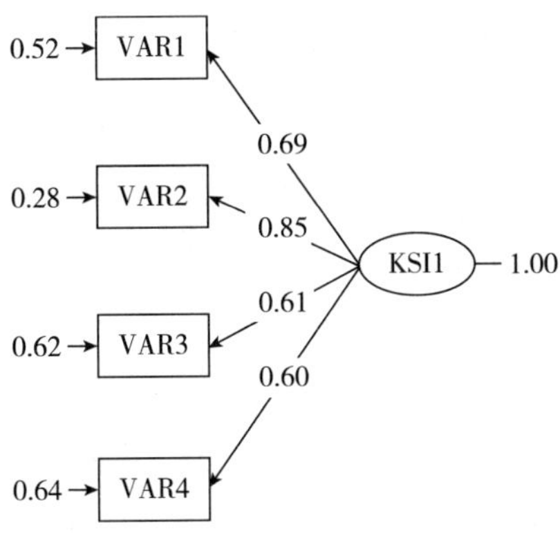

图 5－4　正式化的验证性因子分析结果

五、部门化的验证性因子分析

我们采用 LISREL8. 70 对部门化的测量进行验证性因子分析，结果如图 5－5 所示，在模型的拟合度指标中，RMSEA＝0. 040，小于 0. 1 的接受标准；CFI＝0. 99，IFI＝0. 99，GFI＝0. 99，NFI＝0. 98，超过 0. 9 的理想水平，部门化的一因子结构能较好地拟合样本数据，该一阶验证性因子模型具有较高的拟合度。

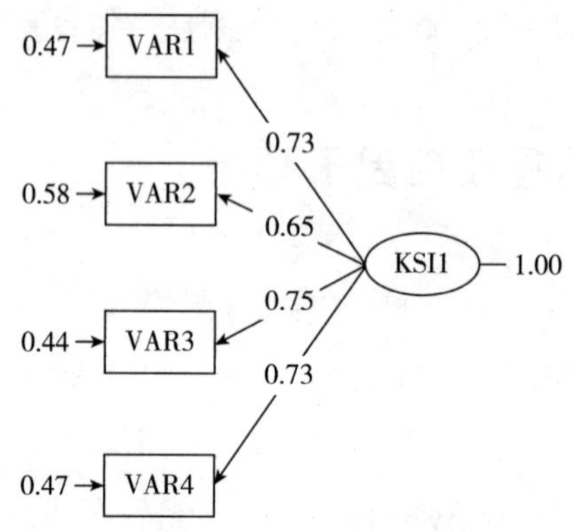

图 5－5　部门化的验证性因子分析结果

六、市场知识宽度、营销动态能力的验证性因子分析

考虑到市场知识宽度、营销动态能力分别只有 3 个问项，单独进行 CFA，由于自由度较少，难以对模型进行评价。因此，我们把两个变量放在一起，使用 LISREL8. 70 来进行验证性因子分析，所得结果如图 5－6 所示，在模型的拟合度指标中，RMSEA＝0. 000，小于 0. 1 的接受标准；CFI＝0. 99，IFI＝0. 99，GFI＝0. 98，NFI＝0. 97，超过 0. 9

的理想水平，市场知识宽度、营销动态能力结构方程能较好地拟合样本数据，两个变量的一阶验证性因子模型具有较高的拟合度。

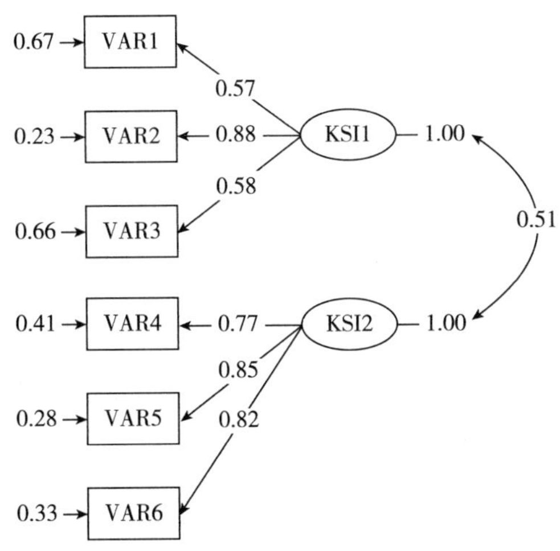

图 5-6　市场知识宽度、营销动态能力的验证性因子分析结果

七、所有变量一起进行验证性因子分析

将市场知识的宽度、市场知识的深度、知识整合机制、正式化、部门化、学习文化、营销动态能力共同进行 CFA，比较能客观地反映模型的真实情况。因此，我们把这 7 个变量放在一起，使用 LISREL8.70 进行验证性因子分析，结果如图 5-7 所示，在模型的拟合度指标中，RMSEA = 0.051，小于 0.1 的接受标准；CFI = 0.95，IFI = 0.95，GFI = 0.87，NFI = 0.84，基本超过或达到 0.9 的理想水平，市场知识宽度、营销动态能力结构方程能较好地拟合样本数据，两个变量的一阶验证性因子模型具有较高的拟合度。

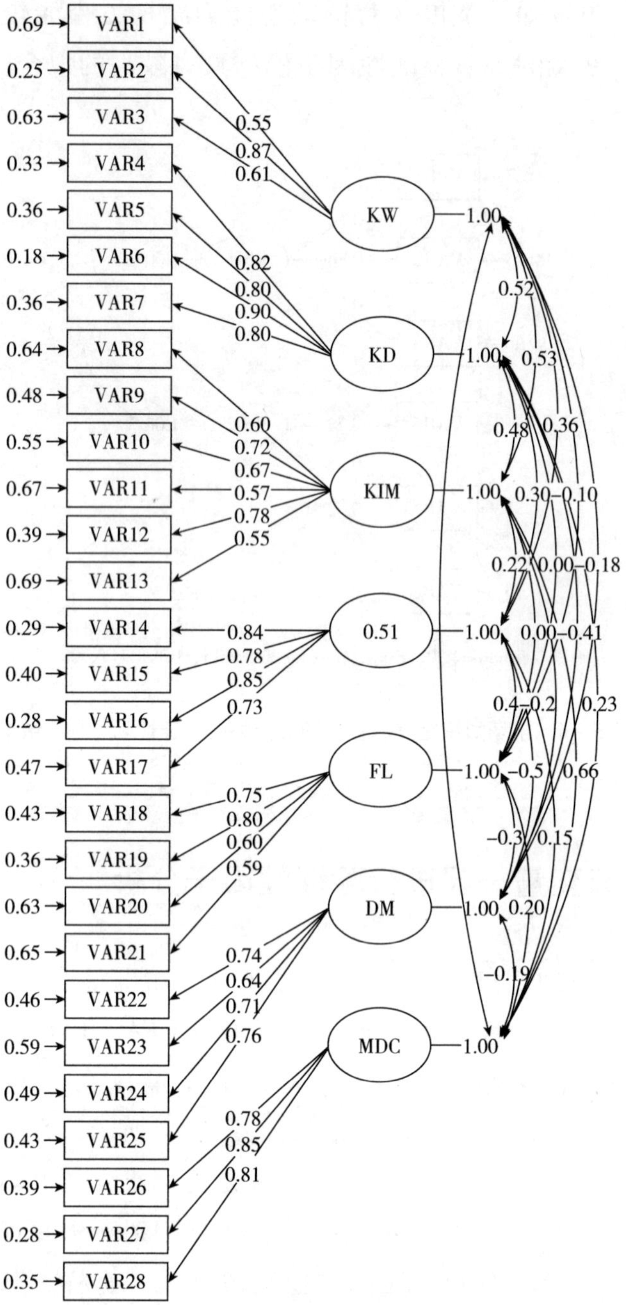

0.69 → VAR1
0.25 → VAR2
0.63 → VAR3
0.33 → VAR4
0.36 → VAR5
0.18 → VAR6
0.36 → VAR7
0.64 → VAR8
0.48 → VAR9
0.55 → VAR10
0.67 → VAR11
0.39 → VAR12
0.69 → VAR13
0.29 → VAR14
0.40 → VAR15
0.28 → VAR16
0.47 → VAR17
0.43 → VAR18
0.36 → VAR19
0.63 → VAR20
0.65 → VAR21
0.46 → VAR22
0.59 → VAR23
0.49 → VAR24
0.43 → VAR25
0.39 → VAR26
0.28 → VAR27
0.35 → VAR28

KW: 0.55, 0.87, 0.61 — 1.00
KD: 0.82, 0.80, 0.90, 0.80 — 1.00
KIM: 0.60, 0.72, 0.67, 0.57, 0.78, 0.55 — 1.00
0.51: 0.84, 0.78, 0.85, 0.73 — 1.00
FL: 0.75, 0.80, 0.60, 0.59 — 1.00
DM: 0.74, 0.64, 0.71, 0.76 — 1.00
MDC: 0.78, 0.85, 0.81 — 1.00

0.52
0.53
0.48 0.36
0.30 −0.10
0.22 0.00 −0.18
0.00 −0.41
0.4 −0.2 0.23
−0.5 0.66
−0.3 0.15
0.20
−0.19

Chi-Square=418.17，df=329，p-value=0.00062，RMSEA=0.051

图 5－7　各变量的验证性因子分析结果

第六节 正式问卷中量表的信度检验

在对研究假设进行检验之前，一般要先进行问卷的信度和效度分析。目的是确保数据的真实性和可靠性，为下一步的统计分析做准备。本节将对研究中潜变量的测量量表进行信度检验。本书参照 Anderson 和 Gerbing（1988）提出的量表信效度检验流程，回收、整理问卷后，运用内部一致性指标：Cronbach's α 系数，来检验各潜变量测度量表的信度。

一、市场知识的宽度量表的信度检验

本书对知识宽度量表 3 个条目进行初步分析；知识宽度量表及其条目的 Cronbach's α 系数如表 5－21 所示。知识宽度量表的 Cronbach's α 系数为 0.712，高于 0.7 这一最低可接受水平，删除任何题项后的 Cronbach's α 系数都没有显著增加，说明量表的一致性较高。

表 5－21 市场知识的宽度量表的信度系数（N＝104）

市场知识的宽度	Cronbach's Alpha	Cronbach's Alpha if Item Deleted
市场知识的宽度 1	0.712	0.686
市场知识的宽度 2		0.508
市场知识的宽度 3		0.649

二、市场知识的深度量表的信度检验

本书对知识深度量表 4 个条目进行初步分析；知识深度量表及其

条目的 Cronbach's α 系数见表 5－22。知识深度量表的 Cronbach's α 系数为 0.898，高于 0.7 这一最低可接受水平，删除任何题项后的 Cronbach's α 系数都没有显著增加。说明量表的一致性较高。

表 5－22 市场知识的深度量表的信度系数（N＝104）

市场知识的深度	Cronbach's Alpha	Cronbach's Alpha if Item Deleted
市场知识的深度 1	0.898	0.880
市场知识的深度 2		0.873
市场知识的深度 3		0.846
市场知识的深度 4		0.874

资料来源：笔者整理。

三、知识整合机制量表的信度检验

本书对知识整合机制量表 6 个条目进行初步分析；知识整合机制量表及其条目的 Cronbach's α 系数见表 5－23。知识整合机制量表的 Cronbach's α 系数为 0.810，高于 0.7 这一最低可接受水平，删除任何题项后的 Cronbach's α 系数都没有显著增加。说明量表的一致性较高。

表 5－23 知识整合机制量表的信度系数（N＝104）

知识整合机制	Cronbach's Alpha	Cronbach's Alpha if Item Deleted
知识整合机制 1	0.810	0.787
知识整合机制 2		0.777
知识整合机制 3		0.776
知识整合机制 4		0.789
知识整合机制 5		0.757
知识整合机制 6		0.795

资料来源：笔者整理。

四、学习文化量表的信度检验

本书对学习文化量表4个条目进行初步分析；学习文化量表及其条目的Cronbach's α系数见表5－24。学习文化量表的Cronbach's α系数为0.874，高于0.7这一最低可接受水平，删除任何题项后的Cronbach's α系数都没有显著增加。说明量表的一致性较高。

表5－24 学习文化量表的信度系数（N＝104）

学习文化	Cronbach's Alpha	Cronbach's Alpha if Item Deleted
学习文化1	0.874	0.822
学习文化2		0.847
学习文化3		0.827
学习文化4		0.860

五、正式化量表的信度检验

本书对正式化量表4个条目进行初步分析；正式化量表及其条目的Cronbach's α系数见表5－25。正式化量表的Cronbach's α系数为0.775，高于0.7这一最低可接受水平，删除任何题项后的Cronbach's α系数都没有显著增加。说明量表的一致性较高。

表5－25 正式化量表的信度系数（N＝104）

正式化	Cronbach's Alpha	Cronbach's Alpha if Item Deleted
正式化1	0.775	0.720
正式化2		0.672
正式化3		0.738
正式化4		0.751

六、部门化量表的信度检验

本书对部门化量表 4 个条目进行初步分析；部门化量表及其条目的 Cronbach's α 系数见表 5－26。知识深度量表的 Cronbach's α 系数为 0.805，高于 0.7 这一最低可接受水平，删除任何题项后的 Cronbach's α 系数都没有显著增加。说明量表的一致性较高。

表 5－26　部门化量表的信度系数（N＝104）

部门化	Cronbach's Alpha	Cronbach's Alpha if Item Deleted
部门化 1	0.805	0.748
部门化 2		0.779
部门化 3		0.738
部门化 4		0.755

七、营销动态能力量表的信度检验

本书对营销动态能力量表 3 个条目进行初步分析；营销动态能力量表及其条目的 Cronbach's α 系数见表 5－27。知识深度量表的 Cronbach's α 系数为 0.852，高于 0.7 这一最低可接受水平，删除任何题项后的 Cronbach's α 系数都没有显著增加。说明量表的一致性较高。

表 5－27　知识深度量表信度系数（N＝104）

知识深度	Cronbach's Alpha	Cronbach's Alpha if Item Deleted
知识深度 1	0.852	0.825
知识深度 2		0.768
知识深度 3		0.783

第七节　小结

本章首先对数据进行了描述性统计分析，其次进行了问卷的信效度检验。其中在信效度检验中，对预调研的问卷进行了探索性因子分析和信度检验，检验了同源方差的问题，并对正式调研的问卷进行了验证性因子分析和信度检验，为后续假设的检验奠定了基础。

第六章　研究假设检验

第一节　相关性分析

在对正式的问卷数据进行分析之前，本书首先对各个变量进行相关性分析，来初步判断各变量之间的关系，从而帮助判断各变量之间的区分效度。市场知识的深度、市场知识的宽度、知识整合机制、学习文化、正式化、部门化与营销动态能力的相关性分析结果如表 6－1 所示。

表 6－1　变量之间的相关性分析

变量	1	2	3	4	5	6	7
市场知识的深度	1.000						
市场知识的宽度	0.432***	1.000					
知识整合机制	0.426***	0.406***	1.000				
学习文化	0.276***	0.301***	0.208**	1.000			
正式化	-0.023	-0.045	0.080	0.363***	1.000		
部门化	-0.326***	-0.169**	-0.279***	-0.494***	-0.323***	1.000	
营销动态能力	0.175**	0.397***	0.542***	0.146*	0.172**	-0.148*	1.000

注：*表示 $p<0.1$，**表示 $p<0.05$，***表示 $p<0.01$。

首先，在表6－1中，可以看出知识宽度与营销动态能力呈显著正相关关系（$r=0.175$，$p<0.05$）；知识深度与营销动态能力呈显著正相关关系（$r=0.397$，$p<0.01$）。其次，我们发现知识整合机制与营销动态能力也达到统计上的正相关性（$r=0.542$，$p<0.01$）；学习文化与营销动态能力显著正相关（$r=0.146$，$p<0.1$）；正式化与营销动态能力显著正相关（$r=0.172$，$p<0.05$）；部门化与营销动态能力显著负相关（$r=-0.148$，$p<0.1$）。相关性分析结果表明，知识深度越深、知识宽度越宽，营销动态能力越强，二者关系将在后文中作进一步检验。

第二节 中介效应分析

研究中难以同时考察市场知识宽度、市场知识深度、知识整合机制与营销动态能力之间的多个影响路径。为了解决这个问题，本书利用结构方程模型（SEM）做进一步的分析。

按照Baron和Kenny（1886）所建议的方法，知识整合机制在市场知识维度与营销动态能力关系中起完全中介作用必须满足4个条件：市场知识维度对知识整合机制必须有显著影响；市场知识维度对营销动态能力必须有显著影响；知识整合机制对营销动态能力必须有显著影响；当知识整合机制进入市场知识维度与营销动态能力关系中时，市场知识维度对营销动态能力的影响变为不显著，二者关系消失。如果当知识整合机制进入市场知识维度和营销动态能力关系分析中时，市场知识维度和营销动态能力关系显著变弱，则说明知识整合机制起部分中介作用。

从相关矩阵可以看出，市场知识维度、知识整合机制与营销动态能力都显著相关，市场知识维度与知识整合机制之间也显著相关。满足检验知识整合机制是市场知识维度与营销动态能力之间关系的中介变量的前提条件。本书针对市场知识维度、知识整合机制与营销动态能力设定了5个结构模型，这5个模型是嵌套模型。

一、Model1：部分中介模型——KW + KD→KIM→MDC和KW + KD→MDC

在验证测量模型可接受的基础上，我们代入数据，对部分中介模型进行路径检验，模型的各项拟合指标都较好，拟合指标Chi-Square = 100.62，df = 98，RMSEA = 0.016，小于0.1；NFI = 0.93，IFI = 0.99，CFI = 0.99，GFI = 0.89，基本超过或接近0.9。这说明模型与数据基本能够较好地拟合，图6-1和图6-2提供了路径分析的结果。

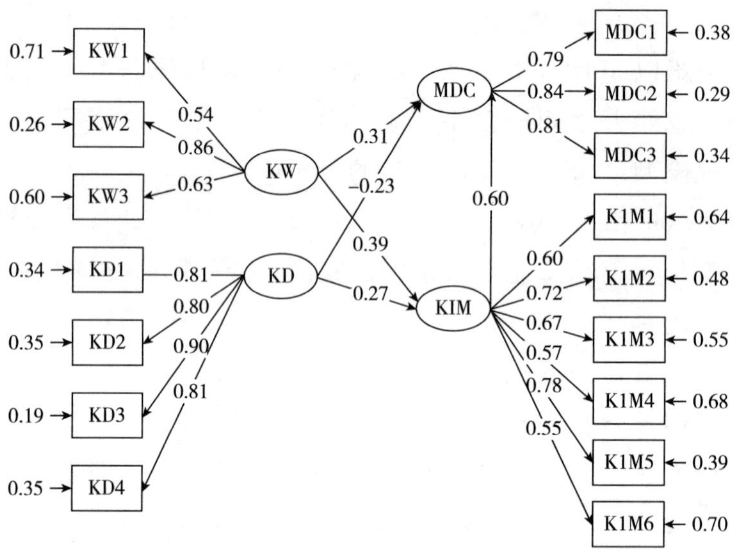

图6-1　部分中介模型结构方程分析结果（路径分析结果）

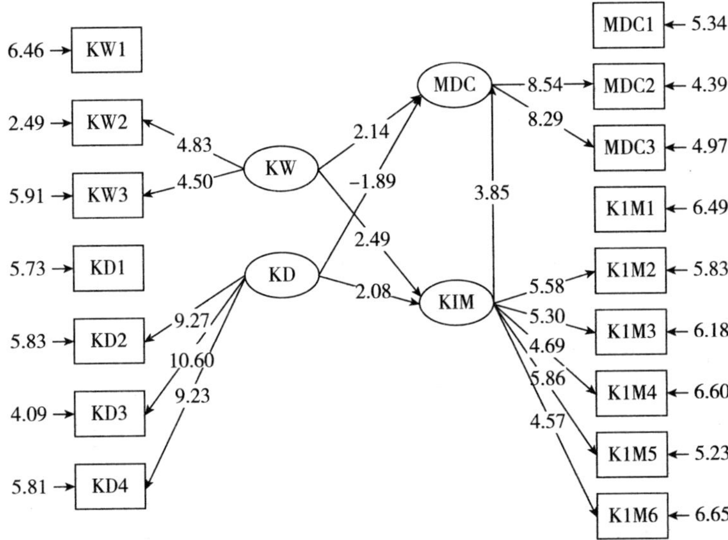

图6－2　部分中介模型结构方程分析结果（路径T值）

二、Model2：完全中介模型——KW + KD → KIM→MDC

在验证测量模型可接受的基础上，我们代入数据，对部分中介模型进行路径检验，模型的各项拟合指标都较好，拟合指标 Chi－Square＝109.28，df＝100，RMSEA＝0.030，小于0.1；NFI＝0.92，IFI＝0.99，CFI＝0.99，GFI＝0.88，基本超过或接近0.9。这说明模型与数据基本能够较好地拟合，图6－3和图6－4提供了路径分析的结果。

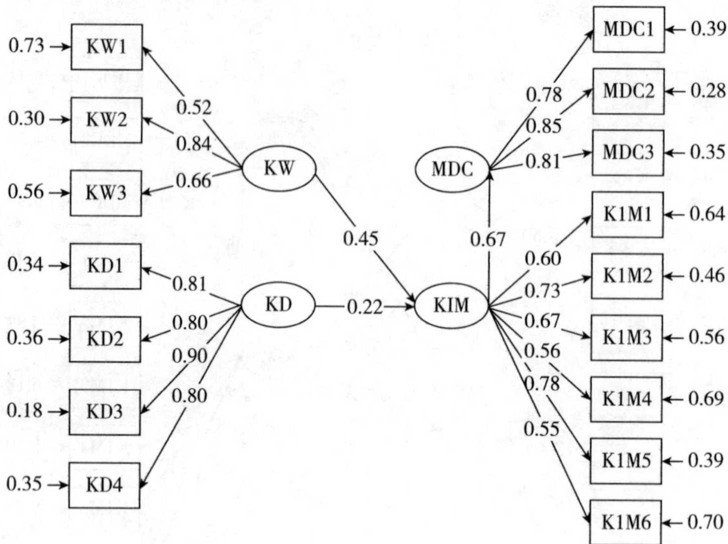

图 6-3　完全中介模型结构方程分析结果（路径分析结果）

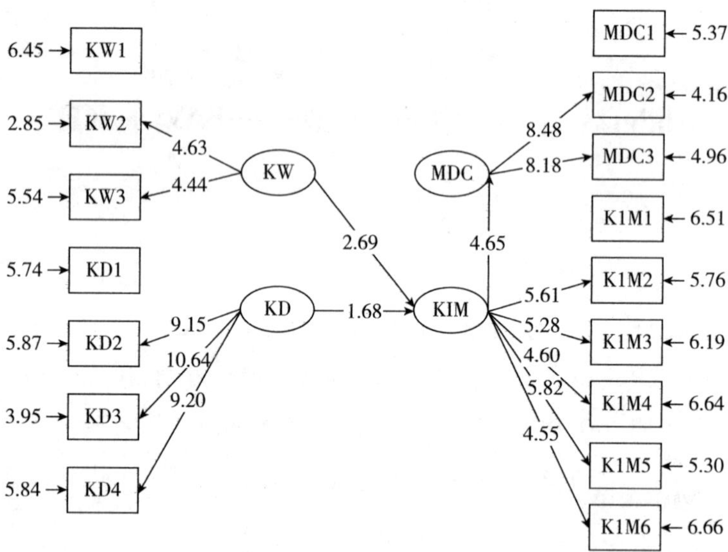

图 6-4　完全中介模型结构方程分析结果（路径 T 值分析）

三、Model3：无中介模型 1——KW + KD→KIM 和 KW + KD→MDC

在验证测量模型可接受的基础上，我们代入数据，对部分中介模型进行路径检验，模型的各项拟合指标都较好，拟合指标 Chi - Square = 122.93，df = 99，RMSEA = 0.048，小于 0.1；NFI = 0.91，IFI = 0.98，CFI = 0.98，GFI = 0.87，基本超过或接近 0.9。这说明模型与数据基本能够较好地拟合，图 6 - 5 和图 6 - 6 提供了路径分析的结果。

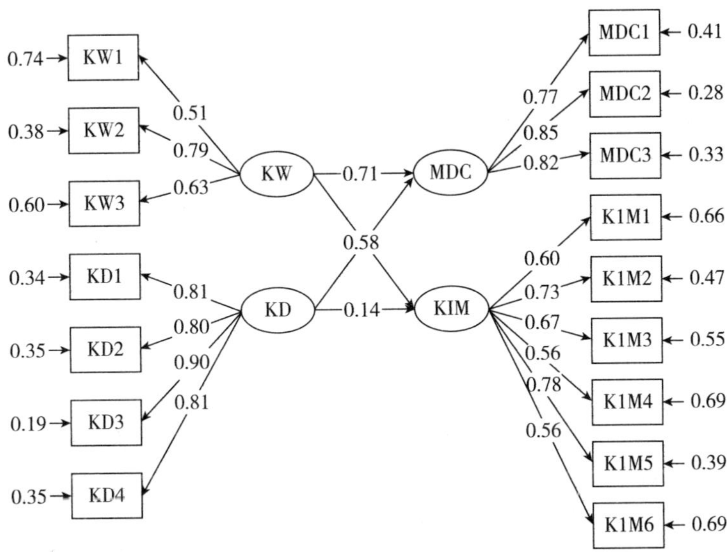

图 6 - 5　无中介模型 1 结构方程分析结果（路径分析结果）

四、Model3：无中介模型 2——KIM→MDC 和 KW + KD→MDC

在验证测量模型可接受的基础上，我们代入数据，对部分中介模型进行路径检验，模型的各项拟合指标都较好，拟合指标 Chi - Square =

125.73，df = 100，RMSEA = 0.050，小于 0.1；NFI = 0.91，IFI = 0.97，CFI = 0.97，GFI = 0.87。这说明模型与数据基本能够较好地拟合，图 6 - 7 和图 6 - 8 提供了路径分析的结果。

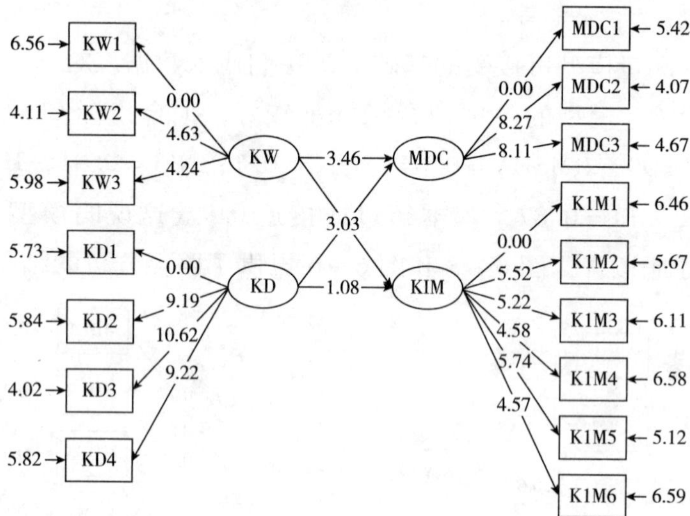

图 6 - 6　无中介模型 1 结构方程分析结果（路径 T 值）

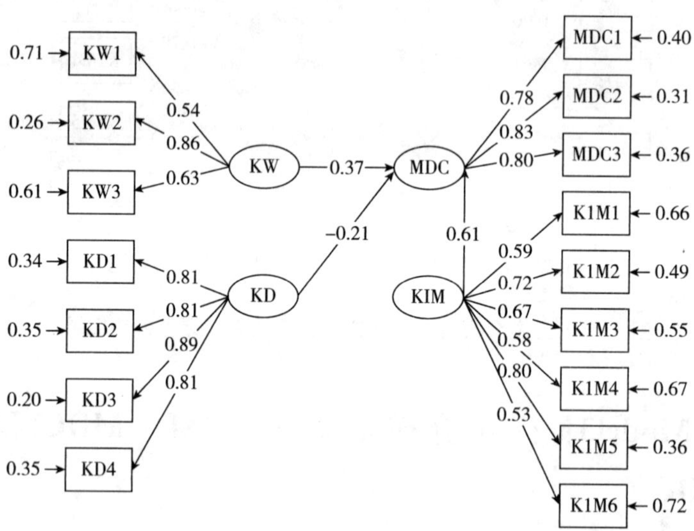

图 6 - 7　无中介模型 2 结构方程分析结果（路径分析结果）

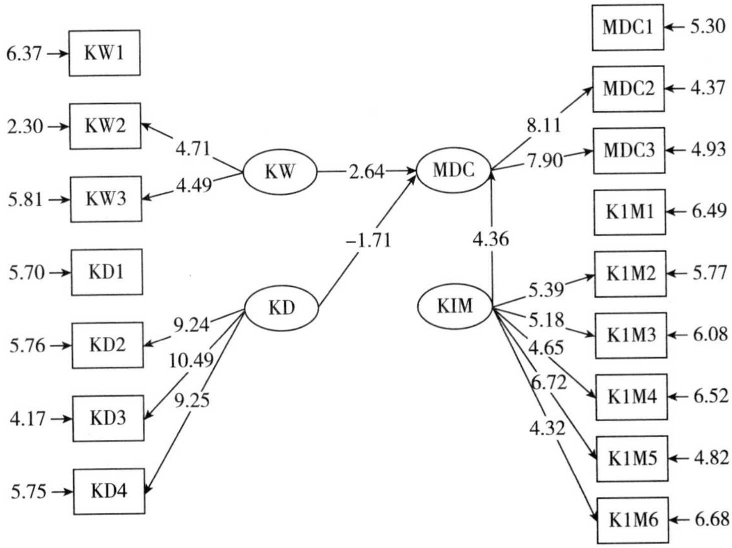

图 6-8 无中介模型 2 结构方程分析结果（路径 T 值）

五、Model3：无中介模型 3——KW + KD→MDC

在验证测量模型可接受的基础上，我们代入数据，对部分中介模型进行路径检验，模型的各项拟合指标都较好，拟合指标 Chi - Square = 142.32，df = 101，RMSEA = 0.063，小于 0.1；NFI = 0.89，IFI = 0.95，CFI = 0.95，GFI = 0.85。这说明模型与数据基本能够较好地拟合，图 6-9 和图 6-10 提供了路径分析的结果。

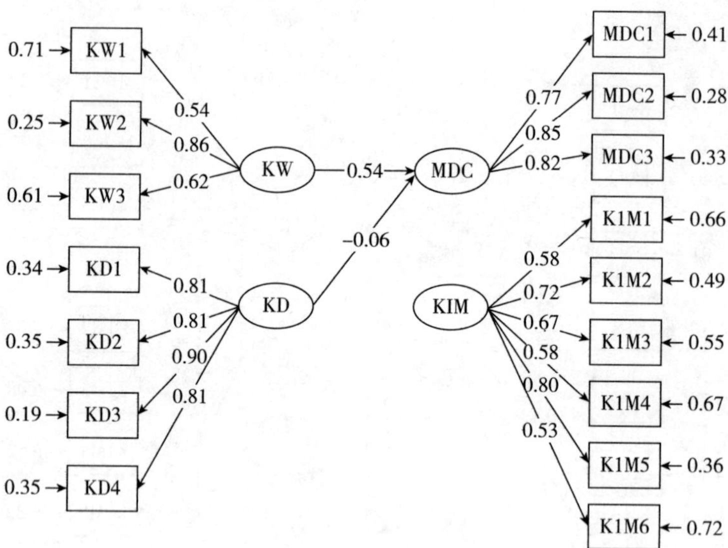

图 6-9　无中介模型 3 结构方程分析结果（路径分析结果）

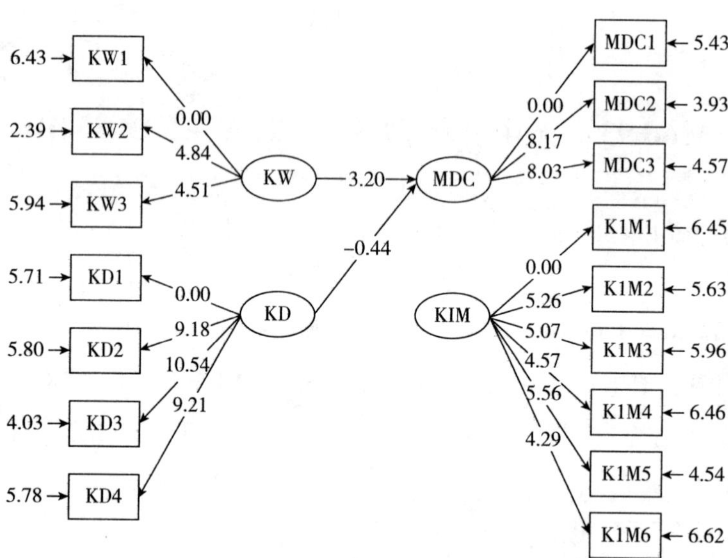

图 6-10　无中介模型 3 结构方程分析结果（路径 T 值）

六、知识整合机制的中介效应

下面将对表 6－2 中各模型进行比较分析。对于营销动态能力而言，由 $\Delta\chi^2$ 可以得出，模型 2、模型 3、模型 4 以及模型 5 与模型 1 是显著不同的，模型 1 是部分中介模型，模型 2 是知识整合机制在市场知识维度和营销动态能力关系中起完全中介作用。模型 3、模型 4 和模型 5 是知识整合机制不是市场知识维度和营销动态能力关系的中介变量。模型 1 的拟合指标更好。因此，我们接受模型 1。从模型 1 可以看出，市场知识的宽度越宽，国际化企业的知识整合机制使用越多，H1a 得到支持；市场知识的深度越深，国际化企业的知识整合机制使用就越多，H1b 得到支持；中国企业国际化进程中拥有的市场知识宽度正向影响营销动态能力，H2a 得到支持；中国企业国际化进程中拥有的市场知识深度正向影响营销动态能力，H2b 没有得到支持，这可能是因为知识加深的话，可能会使得新产品的开发、客户关系的维护以及供应链的关系等方面出现不同的想法，增加了知识转移的困难程度；同时也许会提供不同的解决方案，让国际客户满意，所以，知识的深度的作用不显著。此外，从模型 1 还可以看出，知识整合机制的使用在市场知识宽度与营销动态能力之间起中介作用，H3a 得到支持；知识整合机制的使用在市场知识深度与营销动态能力之间起中介作用，H3b 没有得到支持，正因为 H2b 没有得到支持，市场知识深度对营销动态能力没有显著影响，因此，知识整合机制自然不会在二者的关系中存在中介效应。

表 6－2　结构方程模型之间的比较

结构模型	χ^2	df	$\Delta\chi^2$	NFI	RMSEA	CFI	ILI
1. 部分中介模型：KW + KD → KIM → MDC 和 KW + KD →MDC	100.62	98	—	0.93	0.016	0.99	0.99

续表

结构模型	χ^2	df	$\Delta\chi^2$	NFI	RMSEA	CFI	ILI
2. 完全中介模型：KW + KD→KIM→MDC	109.28	100	8.66***	0.92	0.030	0.99	0.99
3. 无中介模型：KW + KD→KIM 和 KW + KD→MDC	122.93	99	22.31***	0.91	0.048	0.98	0.98
4. 无中介模型：KIM→MDC 和 KW + KD→MDC	125.73	100	25.11***	0.91	0.050	0.97	0.97
5. 无中介模型：KW + KD→MDC	142.32	101	41.7***	0.89	0.063	0.95	0.95

注：①$\Delta\chi^2/\Delta df$ 表示此模型与模型 1 的卡方变化量与自由度变化量的比值；②*表示 $p<0.1$，**表示 $p<0.05$，***表示 $p<0.01$。

第三节　调节效应分析

一、有中介的调节及其检验方法

根据温忠麟、张雷、侯杰泰（2006）的研究结论，可以依次检验有中介的调节。比如，X 代表自变量、Y 代表因变量、W 代表中介变量、U 代表调节变量。这里，有中介的调节效应显著则意味着：

（1）做 Y 对 X、U 以及 UX 的回归，来验证 UX 的系数显著（此步说明 U 对 Y 与 X 关系的调节效应显著）。

（2）做 W 对 X、U 以及 UX 的回归，来验证 UX 的系数显著。

（3）做 Y 对 X、U、UX 以及 W 的回归，来验证 W 的系数显著。

如果在第（3）步中，UX 的系数不显著，则 U 的调节效应完全是通过中介变量 W 而起作用的。因此，本书采用逐步回归的方法来检验有中介的调节。

二、正式化在市场知识维度与知识整合机制关系中的调节作用检验

本书按照温忠麟、张雷、侯杰泰（2006）的方法进行有中介的调节的检验，首先检验正式化在市场知识维度与知识整合机制关系中的调节作用，具体如表6－3所示。

表6－3　正式化的调节作用

	M1：MDC	M2：KIM	M3：MDC	M4：MDC	M5：KIM	M6：MDC
企业年龄	－0.137* (0.044)	－0.101 (0.136)	－0.094 (0.128)	－0.153* (0.073)	－0.100 (0.08)	－0.097 (0.215)
企业性质	0.142** (0.020)	0.029 (0.714)	0.130** (0.037)	0.163** (0.013)	0.039 (0.652)	0.142** (0.013)
行业	0.001 (0.950)	0.011 (0.640)	－0.003 (0.874)	0.003 (0.899)	0.001 (0.960)	0.002 (0.926)
海外投资方式	0.122 (0.232)	0.109 (0.207)	0.076 (0.471)	0.112 (0.290)	0.066 (0.482)	0.075 (0.493)
企业近两年销售额	0.102 (0.455)	0.059 (0.608)	0.077 (0.564)	0.082 (0.625)	－0.023 (0.866)	0.095 (0.518)
KD				0.276 (0.104)	0.444*** (0.004)	0.027 (0.838)
KW	0.701*** (0.001)	0.485*** (0.002)	0.497*** (0.001)			
FL	0.385** (0.019)	0.174 (0.410)	0.312*** (0.009)	0.297* (0.075)	0.087 (0.635)	0.248* (0.069)
KD×FL				0.296 (0.401)	0.228 (0.439)	0.168 (0.556)
KW×FL	0.444** (0.040)	0.548* (0.059)	0.213 (0.186)			

续表

	M1：MDC	M2：KIM	M3：MDC	M4：MDC	M5：KIM	M6：MDC
KIM			0.422*** (0.001)			0.562*** (0.001)
R^2	0.391	0.227	0.493	0.222	0.210	0.407
Adj R^2	0.329	0.147	0.434	0.142	0.129	0.337
F值	6.266***	2.857***	8.330***	2.780***	2.587**	5.863***

注：①KW是知识宽度，KD是知识深度，FL是正式化，MDC是营销动态能力，KIM是知识整合机制；②单元格中分别是路径系数和双侧检验的显著性水平p值；③分析使用Bootstrap的方法抽取数据，以增加样本量。

通过对模型1～模型3分析发现，正式化对知识宽度与营销动态能力关系没有直接调节作用，但有间接调节作用，间接调节作用为0.548×0.422=0.231。正式化程度越高，则知识宽度对知识整合机制的影响越强，并通过知识整合机制的中介作用，导致营销动态能力越强，H4a得到支持。这说明，企业在国际化的过程中，应该采用正式化的组织结构，正式的组织结构可以迫使各个职能部门，通过增加知识整合机制的使用，进一步增加知识的转化效果、促进知识的吸收，最终提升企业的营销动态能力。

通过对模型4～模型6分析发现，正式化对知识深度与营销动态能力关系既没有直接调节作用，也没有间接调节作用，H4b没有得到支持。知识的深度的增加会使得企业增加知识整合机制的使用，但是越深的知识在各个部门之间越难整合，各部门沟通就会存在很大的障碍，虽然知识整合机制可以帮助知识进行传播、分享，但在企业层面并不需要了解每个部门具体的知识。因此，其调节作用不显著。

三、部门化在市场知识维度与知识整合机制关系中的调节作用检验

同样，本书按照温忠麟、张雷、侯杰泰（2006）的方法进行有中介的调节检验，检验了部门化在市场知识维度与知识整合机制关系中

的调节作用，具体如表6－4所示。

表6－4　部门化的调节作用

	M1：MDC	M2：KIM	M3：MDC	M4：MDC	M5：KIM	M6：MDC
企业年龄	－0.115 (0.081)	－0.089 (0.151)	－0.071 (0.255)	－0.142 (0.105)	－0.100* (0.084)	－0.083 (0.331)
企业性质	0.148** (0.027)	0.018 (0.814)	0.139** (0.016)	0.168** (0.018)	0.032 (0.702)	0.149** (0.017)
行业	0.000 (0.998)	0.009 (0.655)	－0.004 (0.839)	0.006 (0.816)	0.006 (0.788)	0.003 (0.917)
海外投资方式	0.084 (0.447)	0.046 (0.596)	0.062 (0.602)	0.065 (0.597)	0.022 (0.801)	0.052 (0.672)
企业近两年销售额	0.093 (0.513)	0.020 (0.856)	0.084 (0.516)	0.065 (0.675)	－0.044 (0.722)	0.090 (0.518)
KD				0.246* (0.088)	0.371*** (0.007)	0.028 (0.838)
KW	0.651*** (0.001)	0.393** (0.013)	0.460*** (0.005)			
FM	－0.016 (0.902)	－0.204* (0.089)	0.083 (0.553)	－0.042 (0.773)	－0.160 (0.164)	0.052 (0.718)
KD×FM				0.107 (0.617)	0.098 (0.582)	0.049 (0.789)
KW×FM	0.021 (0.932)	0.149 (0.536)	－0.051 (0.816)			
KIM			0.485*** (0.001)			0.588*** (0.001)
R^2	0.324	0.212	0.462	0.182	0.218	0.382
Adj R^2	0.255	0.131	0.399	0.098	0.138	0.310
F值	4.681***	2.622**	7.345***	2.171**	2.714**	5.297***

注：①KW是知识宽度，KD是知识深度，FM是部门化，MDC是营销动态能力，KIM是知识整合机制；②单元格中分别是路径系数和双侧检验的显著性水平p值；③分析使用Boototrap的方法抽取数据，以增加样本量。

通过对模型1～模型3分析发现，部门化对知识宽度与营销动态能力关系既没有直接调节作用，也没有间接调节作用，H5a没有得到支持。通过对模型4～模型6分析发现，部门化对知识深度与营销动态能力关系既没有直接调节作用，也没有间接调节作用，H5b没有得到支持。这可能是因为国际化的中国企业，一般会针对国际化事务进行专门的沟通，也可能会成立专门的国际化部门，负责协调国际化相关的事务，可能部门化的变异程度在样本企业中体现不出来；另外，根据样本企业的描述性统计分析发现，部门化的均值比较低，说明部门化现象在样本企业中不严重。因此，最终导致部门化调节效应的不显著。

四、学习文化在市场知识维度与知识整合机制关系中的调节作用检验

同样，本书按照温忠麟、张雷、侯杰泰（2006）的方法进行有中介的调节检验，并检验了学习文化在市场知识维度与知识整合机制关系中的调节作用，具体如表6－5所示。

表6－5 学习文化的调节作用

	M1：MDC	M2：KIM	M3：MDC	M4：MDC	M5：KIM	M6：MDC
企业年龄	－0.114 (0.106)	－0.087 (0.182)	－0.073 (0.261)	－0.146* (0.074)	－0.096* (0.085)	－0.089 (0.214)
企业性质	0.148* (0.029)	0.015 (0.841)	0.141** (0.032)	0.156** (0.031)	0.029 (0.763)	0.139** (0.022)
行业	0.000 (0.998)	0.009 (0.641)	－0.004 (0.844)	0.007 (0.780)	0.003 (0.881)	0.005 (0.849)
海外投资方式	0.089 (0.367)	0.091 (0.316)	0.047 (0.661)	0.073 (0.533)	0.049 (0.592)	0.044 (0.681)
企业近两年销售额	0.094 (0.491)	0.016 (0.903)	0.086 (0.501)	0.053 (0.731)	－0.066 (0.610)	0.092 (0.515)

续表

	M1：MDC	M2：KIM	M3：MDC	M4：MDC	M5：KIM	M6：MDC
KD				0.276* (0.063)	0.413*** (0.007)	0.032 (0.807)
KW	0.650*** (0.001)	0.423*** (0.006)	0.453*** (0.004)			
LC	-0.010 (0.953)	0.035 (0.835)	-0.027 (0.858)	0.129 (0.431)	0.017 (0.917)	0.119 (0.333)
KD×LC				0.105 (0.642)	-0.106 (0.377)	0.168 (0.400)
KW×LC	-0.050 (0.807)	-0.057 (0.876)	-0.024 (0.870)			
KIM			0.465*** (0.001)			0.591*** (0.001)
R^2	0.325	0.171	0.458	0.190	0.206	0.395
Adj R^2	0.255	0.086	0.394	0.106	0.124	0.325
F 值	4.686***	2.011*	7.217***	2.280**	2.522**	5.593***

注：①KW 是知识宽度，KD 是知识深度，LC 是学习文化，MDC 是营销动态能力，KIM 是知识整合机制；②单元格中分别是路径系数和双侧检验的显著性水平 p 值；③分析使用 Bootstrap 的方法抽取数据，以增加样本量。

通过对模型 1 ~ 模型 3 分析发现，学习文化对知识宽度与营销动态能力关系既没有直接调节作用，也没有间接调节作用，H3a 没有得到支持。通过对模型 4 ~ 模型 6 分析发现，学习文化对知识深度与营销动态能力关系既没有直接调节作用，也没有间接调节作用，H6b 没有得到支持。这可能是因为本书的国际化企业样本都有很强的学习文化，它们都抱着去国际市场学习先进经验的想法而去国际化，导致样本中学习文化的方差较小，正如表 5 - 1 所示的样本学习文化的方差较小。可能正是因为这个原因导致了学习文化的调节作用不显著，也许加大样本量学习文化可能就会显示出调节效应。

第四节　实证结果汇总

按照假设的先后顺序，本书将所有假设及其验证的结果列出，具体如表6－6所示。

表6－6　理论假设总结

假设编号	假设内容	验证结果	依据
H1a	市场知识的宽度越宽，国际化企业的知识整合机制使用就越多	支持	图6－1、图6－2；表6－3、表6－4、表6－5
H1b	市场知识的深度越深，国际化企业的知识整合机制使用就越多	支持	图6－1、图6－2；表6－3、表6－4、表6－5
H2a	中国企业国际化进程中拥有的市场知识宽度正向影响营销动态能力	支持	图6－1、图6－2；表6－3、表6－4、表6－5
H2b	中国企业国际化进程中拥有的市场知识深度正向影响营销动态能力	未支持	图6－1、图6－2；表6－3、表6－4、表6－5
H3a	知识整合机制的使用在市场知识宽度与营销动态能力之间起中介作用	支持	图6－1、图6－2
H3b	知识整合机制的使用在市场知识深度与营销动态能力之间起中介作用	未支持	图6－1、图6－2
H4a	中国企业组织结构的正式化正向调节了市场知识宽度与知识整合机制使用之间的关系	支持	表6－3
H4b	中国企业组织结构的正式化正向调节了市场知识深度与知识整合机制使用之间的关系	未支持	表6－3
H5a	中国企业组织结构的部门化负向调节了市场知识宽度与知识整合机制使用之间的关系	未支持	表6－4
H5b	中国企业组织结构的部门化负向调节了市场知识深度与知识整合机制使用之间的关系	未支持	表6－4
H6a	中国企业的学习文化正向调节了市场知识的宽度与知识整合机制使用之间的关系	未支持	表6－5

续表

假设编号	假设内容	验证结果	依据
H6b	中国企业的学习文化正向调节了市场知识的深度与知识整合机制使用之间的关系	未支持	表 6－5

资料来源：笔者整理。

第五节　小结

本章使用正式调研数据（N＝104）进行了结构方程分析，从而验证模型和假设。通过路径分析，验证了有关变量之间的直接效应和中介效应，通过回归分析，验证了正式化、部门化、学习文化在市场知识和知识整合机制之间的调节作用。

第七章　结论与展望

前面六章从绪论、文献综述与概念界定、理论框架与实证模型进行描述，然后从研究设计与数据准备、数据的描述性分析到实证研究与结果分析，从内部形成机制对市场知识、知识整合机制、企业营销动态能力的关系进行了详细而深入的分析与论证。本章既系统性地总结了前面的研究，又阐明了主要的研究结论，指出了本书的理论贡献与实践的意义，同时对本书中存在的不足和局限进行说明，最后指出未来可能的研究方向。

第一节　研究结论

作为一种重要的资源获取和学习渠道，国际化已成为中国企业的一种重要战略，国际化营销动态能力的构建就变得非常重要。本书首先从绪论入手，提出了本书研究的现实背景和理论背景，引出了本书的主要研究问题和研究领域；同时，本书进一步明确了研究目标、技术路线和研究方法，将本书的研究问题转化为相应的主要研究内容和研究框架，介绍了本书可能的创新之处。本书对与研究问题相关的企业营销动态能力、市场知识的维度、知识整合机制、组织结构、组织文化等有关概念和理论进行了系统的梳理和介绍，基于理论综述以及对研究基本问题的深入思考，本书构建起研究框架。然后，本书回顾了相关变量之间关系的现有研究成果，将理论模型转变为可供实证研究的概念模型。同时，说明了研究设计和数据准备的过程，明确了本书实证研究的测量工具、方法和数据来源，并对问卷的信效度进行了分析，通过验证性因子分析和路径分析的方法对测量模型以及因果模型进行了检验，并对实证结果进行了分析，同时使用 SPSS20.0 以及 Bootstraping 技术对调节效应进行了检验。

本书以市场知识的维度与企业营销动态能力的关系为研究主线，广泛借鉴国内外相关的研究成果，进行严谨规范的研究设计与实证研究，系统地考察了知识整合机制对二者关系的中介作用以及正式化、部门化、学习文化对市场知识的维度与知识整合机制的调节作用。在规范理论研究的基础上，本书使用问卷调查的方法，以数理统计、层级回归以及结构方程模型为分析工具，得出以下主要结论：

一、结论 1：市场知识的宽度对国际化企业的营销动态能力具有正向的作用

国际化为中国企业学习国外的相关知识提供了机会，也为企业在全球范围内配置资源提供了平台。在本书中，通过对 104 家国际化的中国企业进行问卷调查，并对调查数据进行分析，证实了市场知识的宽度对国际化企业的营销动态能力具有显著的促进作用。

具体来说，市场知识越宽对国际化企业的营销动态能力影响就越强，这与 Bruni 和 Verona（2009）的研究结论是吻合的。在国际化企业的营销动态能力的构建中，知识仍然是企业营销动态能力的主要推动力。与发达国家企业国际化所不同的是，中国等新兴经济国家企业的国际化主要是通过进入国际市场获取创新所需的资源和学习机会（Luo 和 Tung，2007），中国本土企业能够与国外市场发生更深入的交互作用（Zahra 等，2000），企业能够获得更先进的技术和知识，因而更能够促进企业能力的提升。因此，致力于国际化的中国企业，应该从学习中谋求能力提升之道。尽管国际化的道路是艰难的，但能力的提升是一个渐进的、由量变到质变的过程，只有坚持不断地学习，补

充新的知识到知识体系之中才有可能提升能力。这也与 Fang 和 Zou（2009）的研究保持一致，这为营销动态能力的提升打下了坚实的基础。

本书没有发现市场知识的深度对营销动态能力的正向作用。这也许与权变结构理论保持一致，市场知识越深，越要求加大对信息的处理力度，也就需要各职能部门加大合作力度，挖掘潜力才能进一步整合。但在现实中却很难操作，由于各个职能部门的知识不尽相同，很难整合到一个体系中，并且越深的知识越难以整合，因此，其对营销动态能力的作用效果不显著。

二、结论 2：市场知识的宽度对国际化企业的营销动态能力有直接的作用，同时通过知识整合机制的使用间接作用于营销动态能力

本书的实证研究表明，市场知识的宽度对国际化企业的营销动态能力有直接的作用，同时市场知识的宽度还通过知识整合机制的使用，提升国际化企业的营销动态能力。

具体来说，中国企业在逆向国际化的过程中，需要加速知识从隐性到显性的连续转换，实现快速流转。而越宽的市场知识越需要使用更多的知识整合机制，比如正式的报告、会议、邀请专家咨询等，有利于固化企业现有的知识资源，从而促进个人知识积极转变为组织知识。市场知识既是知识转化和整合的基础，又提供了知识转化和整合的原动力。知识整合机制的使用意味着，企业将在国际市场上获取的广泛的市场知识整合，比如将获取的产品、客户、供应链相关知识进行整合和利用，在企业不同职能部门或不同专业间进行整合，比如将市场部门和技术部门进行知识的整合等，以及与企业外部的科研机构、高等院校、供应商等进行知识整合。这也与前人的研究保持一致，即知识是一个权变的变量，并且针对企业的知识基础的本质，企业需要进行知识整合机制的设计（Birkinshaw，Nobe & Ridderstråle，2002；

Germain & Droge，1997）。

此外，知识整合机制的使用有利于国际化企业营销动态能力的提升。从不发达国家向发达国家国际化的企业，一般缺乏国际化所需的资源和国际运营经验，普遍对国际市场缺乏了解（Elango 和 Pattnaik，2007；Yu，2010）。它们需要通过知识整合机制的使用，将从国际市场获取的国外市场知识进行过滤、消化、整合进企业的知识库，这样不仅可以帮助企业在国际上进行学习（Yu 等，2011），同时还提升了国际化企业的营销动态能力，这与“知识—能力”的链条保持一致，即仅有知识是不够的，还必须通过知识整合机制的使用才能将知识转化为能力，进而在国际市场上增强竞争优势。因此，知识整合机制的使用在市场知识的宽度和国际化企业的营销动态能力之间具有部分中介作用。

三、结论3：正式化的组织结构在市场知识的宽度与知识整合机制的使用之间起着调节作用

企业实施逆向国际化为企业学习和获取国外知识提供了机会，然而企业获取的市场知识是不是必然会增加知识整合机制的使用，取决于企业的组织结构和组织文化。本书的实证研究结果表明，正式化在市场知识的宽度与知识整合机制的使用之间具有调节作用。

如果企业将工作正式化为具体的规则或者流程，则要求员工将隐性知识具体化为外显知识。正式化程度较高的组织通过制度化的方式规范员工的行为，积极主动参与知识分享的过程，员工的行为将被引向一致的方向，员工可能会进行个人的知识分享或者团队的知识分享，增加知识整合机制的使用，从而使得知识的分享更加迅速（Demsetz，1988）。

本书的研究结果没有支持部门化在市场知识的维度与知识整合机制之间的调节作用。这也许表明，一般实施逆向国际化的中国企业，比较倾向于在企业内部建立专门的国际化部门，以协调各个部门的工

作，全力以赴实现国际化目标，所以变异不显著。而同时，本书的研究结果也没有支持学习文化在市场知识的宽度与知识整合机制之间的调节作用。这也许是因为实施逆向国际化的中国企业，普遍都是以学习为导向的，本身的学习文化比较浓厚，所以体现不出差异性，导致结果不显著。

第二节　理论贡献

本书以中国企业实施逆向国际化为背景，以构建国际化企业的营销动态能力为导向，从知识的视角，根据“市场知识的维度—知识整合机制—营销动态能力”的研究逻辑，逐层深入剖析了市场知识的维度、知识整合机制及国际化企业的营销动态能力间的关系，揭示了营销动态能力在中国企业国际化进程中的形成机制，具有一定的理论前沿探索性和现实问题针对性。本书的理论贡献共有三点：

一、阐述了营销动态能力的形成机制

先前的关于营销动态能力的研究，大多基于资源观以及组织学习理论，研究了资源对企业营销动态能力的直接影响（Fang & Zou，2009），认为企业通过国际化获取了所需的互补资源，从而提升了国际化企业的营销动态能力，最终提升了企业的创新绩效。然而，其只是阐释了国际化企业提升营销动态能力所需的互补资源，并没有阐释资源的类型，也没有说明资源转化为营销动态能力的中间机理。虽然也有学者（Bruni & Verona，2009；许晖，2011）从知识视角说明了市场知识对营销动态能力的正向作用，但其对市场知识影响营销动态能力的中间机制关注不够。资源观认为，国际化能为企业提供创新所需的资源，组织学习理论认为国际化为企业提供了进入国际市场所需的学

习机会，进而获取相应的知识，提升企业的竞争力。然而，这两种理论并没有阐释出资源和知识到企业能力，尤其是营销动态能力的转换过程。事实上，企业资源和知识由于具有核心刚性很难持续提升竞争力，国际化企业需要拥有动态的市场应变能力，也就是国际化企业营销动态能力。

本书验证了营销动态能力理论的逻辑，发现中国企业通过实施逆向国际化获取相应的市场知识，进而提升企业的营销动态能力。本书摆脱了过去简单的知识—能力的研究框架，建立了知识—知识整合机制—能力的分析框架。本书进一步将资源明确为知识，阐明知识的重要作用，认为中国企业国际化之所以能够提升营销动态能力，主要是因为这些企业运用知识整合机制整合内外部的知识以提升营销动态能力。因此，本书对企业的知识到营销动态能力形成机制的研究做了有益的补充。

二、拓展了企业国际化的理论边界

首先，传统关于企业国际化的研究主要集中于动机和过程的研究，而且现有的企业国际化理论均不能解释中国企业国际化模式与路径的选择。长期以来，解释企业国际化的理论一直以西方的理论为主导，比如垄断优势理论（Hymer，1976）、内部化理论（Buckley & Casson，1976）和在此基础上由 Dunning（1988）建立的国际生产折衷理论（Eclectic Theory）等。但这些理论的基本前提是最先崛起的跨国企业具备某种资源或能力的绝对优势（所有权优势、区位优势或内部化优势），可以通过国际化释放其优势，取得超额利润。然而，发展中国家企业在其国际化之时，与发达国家的跨国公司相比，通常并不具备技术与市场能力等优势（Peng，Wang & Jiang，2008；Luo & Tung，2007；Mathews，2006）。同时，对中国并购中出现的“同一产业内的并购，有的企业成功、有的企业失败”的现象，即“具有相同比较优势的情况下，为何有的企业成功、有的企业失败”，传统理论没能给出解释，需要从企业内部管理的视角来解释这部分变异。因此，本书主要从内部知识整合的视角关注中国企业逆向国际化营销动态能力的形成机制，因而弥补了先前国际化的研究没有集中于能力构建的缺陷。

其次，对营销动态能力进行研究的学者大多采用案例的研究方法，基本都是单案例的研究，难以构成普适性。本书基于中国企业国际化的情境因素，选择大规模调研，发现国际化企业的知识维度对营销动态能力的影响因知识整合机制使用的不同而各异。这一研究发现增添了对中国企业国际化如何提升营销动态能力的理论解释，有助于未来研究进一步探索中国企业国际化营销动态能力的内在形成机理。

最后，现存关于企业国际化的研究对象主要集中于发达国家，本书在中国企业逆向国际化情境下对企业知识的维度向营销动态能力理论形成的机制进行了检验，因而能够进一步拓展企业国际化的理论边界。

三、丰富了营销动态能力的相关研究

目前对于营销动态能力的研究主要集中于营销动态能力的内涵与外延的探讨（Bruni & Verona，2009；Fang & Zou，2009；Foley 等，2005；Vorhies & Morgan，2005；许晖等，2011），对于营销动态能力的实证研究较少。本书丰富了营销动态能力形成机制的研究，探讨了企业市场知识的维度对企业营销动态能力的影响，将市场知识的维度划分为市场知识的宽度和市场知识的深度，具体表现为市场知识的宽度和市场知识的深度对营销动态能力的影响，体现了企业市场知识的层次性，具有一定的理论创新意义。

基于上述理论背景，本书以中国企业国际化为背景，从知识的视角，分析了发展中国家企业向发达国家国际化过程中的营销动态能力构建或形成机制，并通过问卷调研，收集了相关数据，对模型进行了实证检验。研究发展了企业国际化的相关理论，增加了关于发展中国家企业向发达国家国际化中的营销动态能力形成或形成的认识，并且

促进了理论上关于营销动态能力的研究，具有一定的理论价值和贡献。

第三节　管理启示

本书针对我国企业作为后发追赶企业实现追赶的目的，探索了在实施逆向国际化的过程中，获得的市场知识对于企业能力构建的影响，具体研究了市场知识的维度到企业国际化营销动态能力的形成机制，其研究结论可以为我国企业提升国际化的竞争力提供有益的理论指导。

一、积极推进中国企业国际化营销动态能力的建设

对于实施逆向国际化的中国企业而言，企业管理者应意识到在国际化过程中，构建国际化能力，尤其是营销动态能力的重要性，将海外市场作为企业一种重要的知识获取途径，积极从国际市场中寻求市场知识，同时考虑市场知识的属性。在动态竞争环境下，对市场的应变速度和效率日益成为决定企业竞争成败的关键因素。实施逆向国际化的中国企业由于历史和制度原因，在国际化竞争中通常不具备优势，只有不断地获取并吸收新的知识，并把知识转化为相应的能力，才能在激烈的国际市场中立于不败之地。因此，实施逆向国际化的企业应该重新审视客户和竞争者广泛知识的价值，因为其对营销动态能力的构建有很大的影响。虽然本书的研究发现市场知识的宽度是非常重要的，但市场知识的深度也可能会影响知识整合机制的设计，这会影响企业的营销动态能力，所以管理者同时也要关注市场知识的深度，只有这样才能为未来的绩效提升做好准备。

二、提升市场知识的消化吸收、整合的能力

结果表明，市场知识的维度是通过知识整合机制的使用形成国际化企业营销动态能力的。因此，国际化为中国企业提供获取知识的有利机会，企业还应该加强这种学习和获取能力，一方面，鼓励企业加强构建知识的吸收机制，重视知识的吸收，同时提高知识管理者以及知识工作者在组织中的话语权；另一方面，进行知识整合机制的设计，加快知识在组织内部的传播和整合。可以制定定期的知识整合机制，利用这种机制，迅速将获取的知识吸收、转化和整合，渐进提升企业营销动态能力。创建的知识整合机制应该使得市场知识既可以快速有效地整合，又不至于受制于规则的约束而变得僵化。也可以增设或完善知识管理（或信息管理）部门，同时实施企业资源计划（ERP），形成市场知识的全方位的有机整合，增加整合的柔性，使之良性发展，进而提升企业的营销动态能力。

三、打造合适的组织结构和组织文化

结果表明，正式化的组织结构有利于企业内部知识的转化、整合。因此，实施逆向国际化的中国企业应该逐步实现与国际接轨，尽量施行正式化的组织结构，提高运营的效率，从而及时应对国际市场的快速变化。可以建立专门的部门负责国际化的事务。同时，国际化的中国企业应该培育和建立更加开放的、包容的企业文化，在组织内部形成良好的人际沟通氛围，从而促进员工之间的交流与知识共享。在进行绩效管理时，应该从传统的单纯以结果为导向的绩效管理方式，转变为以过程为导向的或者综合进行评价的方式。对于国际化的企业来说，即使最终结果没有达到初始目标，其国际化过程中所积累的知识也是组织的宝贵财富，可以为将来更好地进行国际化打下坚实的基础。

第四节　研究局限与展望

本书研究涉及营销动态能力理论、结构权变理论、知识管理理论、企业国际化理论等多个理论领域。基于以上理论的分析，本书提出的综合性研究框架确实是一个巨大的挑战，因此，本书仍然存在着以下局限性和不足：

（1）本书的数据仍然属于截面数据，由于企业营销动态能力在更广的范围内是一个动态演变的过程，要想深入探讨研究企业营销动态能力的演化过程，尤其是研究市场知识的维度、知识整合机制、企业营销动态能力的因果关系模型，使用纵贯数据或面板数据可能是更加适合的方法。然而，企业营销动态能力本身是一个很新的构念，其测量本身是一件十分困难的事情，获取有关变量的纵贯数据更是难上加难。

（2）从研究方法上，尽管本书综合运用了理论研究和实证研究，但由于中国企业国际化的时间普遍较短，同时由于笔者研究视野和研究精力所限，没能做单个或者多个企业的案例研究，同时也没有在做更多可能的替换模型之间进行比较。

（3）从研究视野上，虽然本书对市场知识进行了广泛的研究，比如进一步将市场知识细分为宽度和深度，但营销动态能力的维度中包括了产品开发能力，因此，技术能力在其中的作用也是非常重要的，不可忽视。

本书的局限性留下了些遗憾，同时也为我们未来进一步深入研究留下了空间。本书的未来研究方向有：

（1）进行纵贯性研究。本书在研究过程中建立了104家样本企业详细的档案，这些企业的规模都非常大，这在一定程度上也方便我们以后进行相关的纵贯研究。我们可以在未来的3～5年内对样本企业进行再次调研，可能通过两组数据的对比发现更有价值的结论。同时，也会进一步拓宽本书的研究思路，同时加深对本书相关研究结论的认识。

（2）优化研究方法。将来可以采用系统仿真、动态博弈和演化博弈等方式进行补充研究和交叉验证，从而进一步增加结论的可靠性。也可以在未来进行案例的探索，选择单个或者多个国际化企业的案例，从而增加比较研究的视角，进一步补充和完善国际化进程中中国企业营销动态能力演进的研究。

（3）拓宽研究视野。可以考察知识的其他维度对营销动态能力的作用机理，也可以进一步考察市场知识的宽度、市场知识的深度如何影响营销动态能力之中的产品开发能力、客户关系管理能力以及供应链管理能力。同时可以延伸研究链条，使用二手数据来作为营销动态能力的代理变量，或者使用内容分析法进一步来研究营销动态能力的其他影响，考虑用二手数据来研究营销动态能力的形成机制。

参考文献

一、英文文献

［1］ Amit R, Schoemaker P J H. Strategic assets and organizational rent ［J］. Strategic Management Journal, 1993, 14 (1): 33 – 46.

［2］ Anderson J C, Gerbing D W. Structural equation modeling in practice: A review and recommended two – step approach ［J］. Psychological Bulletin, 1988, 103 (3): 411.

［3］ Argyris C, Schon D. Organizational learning: A theory of action approach ［J］. Reading, MA: Addision Wesley, 1978.

［4］ Atuahene – Gima, Kwaku. An exploratory analysis of the impact of market orientation on new product performance: A contingency approach ［J］. Journal of Product Innovation Management, 1995, 12 (4): 275 – 293.

［5］ Atuahene – Gima, Kwaku. Resolving the capability – rigidity paradox in new product innovation ［J］. Journal of Marketing, 2005, 69 (10): 61 – 83.

［6］ Baird I S, Thomas H. Toward a contingency model of strategic risk taking ［J］. Academy of Management Review, 1985, 10 (2): 230 – 243.

［7］ Barki, Henri, Alain Pinsonneault. A model of organizational integration, implementation effort and performance ［J］. Organization Science,

2005, 16 (2): 165 – 179.

[8] Baron R M, Kenny D A. The moderator – mediator variable distinction in social psychological research: Conceptual, strategic, and statistical considerations [J]. Journal of Personality and Social Psychology, 1986, 51 (6): 1173.

[9] Barreto I. Dynamic capabilities: A review of past research and an agenda for the future [J]. Journal of Management, 2010, 36 (1): 256 – 280.

[10] Bierly, Paul, Alok Chakrabarti. Generic knowledge strategies in the U. S. pharmaceutical industry [J]. Strategic Management Journal, 1996, 17 (Winter Special Issue): 123 – 135.

[11] Briggs N E. Estimation of the standard error and confidence interval of the indirect effect in multiple mediator models [D]. The Ohio State University, 2006.

[12] Birkinshaw, Julian, Robert Nobel, and Jonas Ridderstråle. Knowledge as a contingency variable: Do the characteristics of knowledge predict organizational structure? [J]. Organization Science, 2002, 13(3): 274 – 289.

[13] Bishop P, Wiseman N. External ownership and innovation in the United Kingdom [J]. Applied Economics, 1999, 31 (4): 443 – 450.

[14] Bromiley P. Testing a causal model of corporate risk taking and performance [J]. Academy of Management Journal, 1991, 34 (1): 37 – 59.

[15] Cheng J L C, Kesner I F. Organizational slack and response to environmental shifts: The impact of resource allocation patterns [J]. Journal of management, 1997, 23 (1): 1 – 18.

[16] Cheung G W, Lau R S. Testing mediation and suppression effects of latent variables bootstrapping with structural equation models [J]. Organizational Research Methods, 2008, 11 (2): 296 – 325.

[17] Christopher M, Towill D. An integrated model for the design of agile supply chains [J]. International Journal of Physical Distribution & Logistics Management, 2001, 31 (4): 235 –246.

[18] Collis D J. Research note: How valuable are organizational capabilities? [J]. Strategic Management Journal, 1994, 15 (S1): 143 – 152.

[19] Damanpour F. Organizational innovation: A meta – analysis of effects of determinants and moderators [J]. Academy of Management Journal, 1991, 34 (3): 555 –590.

[20] Day, George S. The capabilities of market – driven organizations [J]. Journal of Marketing, 1994, 58 (10): 37 – 52.

[21] Day, George S., Prakash Nedungadi. Managerial representations of competitive advantage [J]. Journal of Marketing, 1994, 58 (4): 31 –44.

[22] Demarest M. Understanding knowledge management [J]. Long Range Planning, 1997, 30 (3): 374 –384.

[23] Demsetz H. Theory of the firm revisisted [J]. JL Econ. & Org., 1988 (4): 141.

[24] DiBella A J, Nevis E C, Gould J M. Understanding organizational learning capability [J]. Journal of Management Studies, 1996, 33 (3): 361 –379.

[25] Di Stefano G, Peteraf M, Verona G. Dynamic capabilities deconstructed: A bibliographic investigation into the origins, development, and future directions of the research domain [J]. Industrial and Corporate Change, 2010, 19 (4): 1187 –1204.

[26] Dixon, Nancy M. Organizationl learning: A review of the literature with implications for HRD professionals [J]. Human Resource Development Quarterly, 1992 (3): 29 –49.

[27] Easterby –Smith M, Lyles M A, Peteraf M A. Dynamic capabil-

ities: Current debates and future directions [J]. British Journal of Management, 2009, 20 (s1): S1 – S8.

[28] Efron B, Tibshirani R J. An introduction to the bootstrap: Monographs on statistics and applied probability 57 [M]. Boca Raton, Fla: Chapman & Hall/CRC, 1993.

[29] Eisenhardt K M, Martin J A. Dynamic capabilities: What are they? [J]. Strategic Management Journal, 2000, 21 (10 – 11): 1105 – 1121.

[30] Fang E E, Zou S. Antecedents and consequences of marketing dynamic capabilities in international joint ventures [J]. Journal of International Business Studies, 2009, 40 (5): 742 – 761.

[31] Fiol C M, Lyles M A. Organizational learning [J]. Academy of Management Review, 1985, 10 (4): 803 – 813.

[32] Galbraith J R. Designing complex organizations [M]. Addison – Wesley Longman Publishing Co., Inc., 1973.

[33] Galunic D. C., Rodan, S. Resource recombinations in the firm: Knowledge structures and the potential for Schumpeterian innovation [J]. Strategic Management Journal, 1998 (19): 1193 – 1201.

[34] Germain R, Dröge C. An empirical study of the impact of just – in – time task scope versus just – in – time workflow integration on organizational design [J]. Decision Sciences, 1997, 28 (3): 615 – 635.

[35] Gorsuch R. L. Factor analysis (2nd ed.) [M]. Hillsdale, NJ: Erlbaum, 1983.

[36] Grant, Robert M. The resource – based theory of competitive advantage: Implications for strategy formulation [J]. California Management Review, 1991, 33 (3): 114 – 135.

[37] Grant, Robert M. Prospering in dynamically – competitive environments: Organizational capability as knowledge integration [J]. Organization Science, 1996a, 7 (4): 375 – 387.

[38] Grant, Robert M. Toward a knowledge - based theory of the firm [J]. Strategic Management Journal, 1996b, 17 (Winter Special Issue): 109 - 122.

[39] Griffith D A, Harvey M G. A resource perspective of global dynamic capabilities [J]. Journal of International Business Studies, 2001: 597 - 606.

[40] Griffin, Abbie, John R. Hauser. Integrating R&D and marketing: A review and analysis of the literature [J]. Journal of Product Innovation Management, 1996, 13 (3): 191 - 215.

[41] Hammer M. Reengineering work: Don't automate, obliterate [J]. Harvard Business Review, 1990, 68 (4): 104 - 112.

[42] Harman H. H. Modern factor analysis (2nd. ed.) [M]. Chicago: University of Chicago Press, 1967.

[43] Hedberg B L T. How organizations learn and unlearn in Nyström, P. C. and Starbuck, W. H. [M], Oxford University Press, Oxford, UK, 1981.

[44] Helfat C E. Know - how and asset complementarity and dynamic capability accumulation: The case of R&D [J]. Strategic Management Journal, 1997, 18 (5): 339 - 360.

[45] Hitt M A, Dacin M T, Levitas E, et al. Partner selection in emerging and developed market contexts: Resource - based and organizational learning perspectives [J]. Academy of Management Journal, 2000, 43 (3): 449 - 467.

[46] Hoopes D G, Postrel S. Shared knowledge, "glitches," and product development performance [J]. Strategic Management Journal, 1999, 20 (9): 837 - 865.

[47] Huber G P. Organizational learning: The contributing processes and the literatures [J]. Organization Science, 1991, 2 (1): 88 - 115.

[48] Hutchins E. Organizing work by adaptation [J]. Organization

Science, 1991, 2 (1): 14 –39.

[49] Iansiti M, West J. Technology integration: Turning great research into great products [M] . Harvard Business School, 1997.

[50] Jaworski B J, Kohli A K. Market orientation: Antecedents and consequences [J] . The Journal of marketing, 1993 (1): 53 –70.

[51] Jing, R. , Liu, Y. , Liu, P. Leadership capability and the effectiveness of state – owned enterprise [J] . Frontiers of Business Research, 2008, 2 (2): 219 –239.

[52] King A A, Tucci C L. Incumbent entry into new market niches: The role of experience and managerial choice in the creation of dynamic capabilities [J] . Management Science, 2002, 48 (2): 171 –186.

[53] Kogut B, Zander U. Knowledge of the firm, combinative capabilities, and the replication of technology [J] . Organization Science, 1992, 3 (3): 383 –397.

[54] Kumar S, Seth A. The design of coordination and control mechanisms for managing joint venture – parent relationships [J] . Strategic Management Journal, 1998, 19 (6): 579 –599.

[55] Iansiti M, Clark K B. Integration and dynamic capability: Evidence from product development in automobiles and mainframe computers [J] . Industrial and Corporate Change, 1994, 3 (3): 557 –605.

[56] Lee S, Leifer R P. A framework for linking the structure of information systems with organizational requirements for information sharing [J] . Journal of Management Information Systems, 1992, 8 (4): 27 –44.

[57] Leonard – Barton D. Core capabilities and core rigidities: A paradox in managing new product development [J] . Strategic Management Journal, 1992, 13 (S1): 111 –125.

[58] Li T, Calantone R J. The impact of market knowledge competence on new product advantage: Conceptualization and empirical examination [J] . The Journal of Marketing, 1998 (1): 13 –29.

[59] Maula M. The senses and memory of a firm – implications of autopoiesis theory for knowledge management [J]. Journal of Knowledge Management, 2000, 4 (2): 157 – 161.

[60] McEvily S K, Chakravarthy B. The persistence of knowledge – based advantage: An empirical test for product performance and technological knowledge [J]. Strategic Management Journal, 2002, 23 (4): 285 – 305.

[61] McGrath R G, Tsai M H, Venkataraman S, et al. Innovation, competitive advantage and rent: A model and test [J]. Management Science, 1996, 42 (3): 389 – 403.

[62] McNamara C P. The present status of the marketing concept [J]. The Journal of Marketing, 1972 (1): 50 – 57.

[63] Mintzberg H. The structuring of organizations: A synthesis of the research [J]. University of Illinois at Urbana – Champaign's Academy for Entrepreneurial Leadership Historical Research Reference in Entrepreneurship, 1979.

[64] Mooney C Z, Duval R D, Duval R. Bootstrapping: A nonparametric approach to statistical inference [M]. Sage, 1993.

[65] Moorman C. Organizational market information processes: Cultural antecedents and new product outcomes [J]. Journal of Marketing Research, 1995 (1): 318 – 335.

[66] Moorman C, Miner A S. The impact of organizational memory on new product performance and creativity [J]. Journal of Marketing Research, 1997 (1): 91 – 106.

[67] Morgan N A, Vorhies D W, Mason C H. Market orientation, marketing capabilities, and firm performance [J]. Strategic Management Journal, 2009, 30 (8): 909 – 920.

[68] Morgan G, Ramirez R. Action learning: A holographic metaphor for guiding social change [J]. Human Relations, 1984, 37 (1): 1 – 27.

[69] Mosakowski E, McKelvey B. Predicting rent generation in competence – based competition [J]. Competence – based Strategic Management, 1997 (65).

[70] Mulholland P, Zdrahal Z, Domingue J, et al. A methodological approach to supporting organizational learning [J]. International Journal of Human – Computer Studies, 2001, 55 (3): 337 – 367.

[71] Narver J C, Slater S F. The effect of a market orientation on business profitability [J]. Journal of Marketing, 1990, 54 (4).

[72] Nelson R R, Sidney G. Winter. An evolutionary theory of economic change [J]. Cambridge: Belknap, 2005.

[73] Nelson R R. Why do firms differ, and how does it matter? [J]. Strategic Management Journal, 1991, 12 (S2): 61 – 74.

[74] Newbert S L. Empirical research on the resource – based view of the firm: An assessment and suggestions for future research [J]. Strategic Management Journal, 2007, 28 (2): 121 – 146.

[75] Nonaka I. The knowledge – creating company [J]. Harvard Business Review, 1991, 69 (6): 96 – 104.

[76] Nonaka, Ikujiro. A dynamic theory of organizational knowledge creation [J]. Organization Science, 1994, 5 (1): 14 – 37.

[77] Nonaka I, Konno N. The concept of "Ba": Building a foundation for knowledge creation [J]. California Management Review, 1998, 40 (3).

[78] Nonaka I, Nishiguchi T. Knowledge emergence: Social, technical, and evolutionary dimensions of knowledge creation [M]. Oxford University Press, 2000.

[79] Nonaka I, Takeuchi H, Takeuchi H. The knowledge – creating company: How Japanese companies create the dynamics of innovation [M]. New York, NY, 1995.

[80] OECD. The contribution of economic theory to the understanding

of a knowledge – based economy [M] . 1996.

[81] Olson, Eric M. , Orville C. Walker Jr. , and Robert W. Ruekert. Organizing for effective new product development: The moderating role of product innovativeness [J] . Journal of Marketing, 1995, 59 (1): 48 – 62.

[82] Ottum B D, Moore W L. The role of market information in new product success/failure [J] . Journal of Product Innovation Management, 1997, 14 (4): 258 – 273.

[83] Ouchi W. Theory Z: How American business can meet the Japanese challenge [J] . Business Horizons, 1981, 24 (6): 82 – 83.

[84] Pascale R T, Athos A G. The art of Japanese management [J] . Business Horizons, 1981, 24 (6): 83 – 85.

[85] Peng M W, Wang D Y L, Jiang Y. An institution – based view of international business strategy: A focus on emerging economies [J] . Journal of International Business Studies, 2008, 39 (5): 920 – 936.

[86] Peteraf M A. The cornerstones of competitive advantage: A resource – based view [J] . Strategic Management Journal, 1993, 14 (3): 179 – 191.

[87] Petroni A. The analysis of dynamic capabilities in a competence – oriented organization [J] . Technovation, 1998, 18 (3): 179 – 189.

[88] Pettigrew A M. On studying organizational cultures [J] . Administrative Science Puarterly, 1979 (1): 570 – 581.

[89] Phillips McDougall P, Shane S, Oviatt B M. Explaining the formation of international new ventures: The limits of theories from international business research [J] . Journal of Business Venturing, 1994, 9 (6): 469 – 487.

[90] Podsakoff P M, Organ D W. Self – reports in organizational research: Problems and prospects [J] . Journal of Management, 1986, 12 (4): 531 – 544.

[91] Polanyi M. The tacit dimension [J]. Knowledge in Organizations, 1997 (1): 135-146.

[92] Porter M. E. Competitive strategy techniques for analyzing industries and competitors [M]. Free Press, New York, 1980.

[93] Plakoyiannaki E, Tzokas N, Dimitratos P, et al. How critical is employee orientation for customer relationship management? Insights from a case study [J]. Journal of Management Studies, 2008, 45 (2): 268-293.

[94] Prabhu, Jaideep C., Rajesh K. Chandy, Mark E. Ellis. The impact of acquisitions on innovation: Poison pill, placebo, or tonic? [J]. Journal of Marketing, 2005, 69 (1): 114-130.

[95] Prahalad C K, Hamel G. The core competence of the corporation [J]. Boston (MA), 1990 (1): 235-256.

[96] Priem R L, Butler J E. Is the resource-based "view" a useful perspective for strategic management research? [J]. Academy of Management Review, 2001, 26 (1): 22-40.

[97] Pugh D S, Hickson D J, Hinings C R, et al. Dimensions of organization structure [J]. Administrative Science Quarterly, 1968, 13 (1).

[98] Ray G, Barney J B, Muhanna W A. Capabilities, business processes, and competitive advantage: Choosing the dependent variable in empirical tests of the resource-based view [J]. Strategic Management Journal, 2004, 25 (1): 23-37.

[99] Redding J. Hardwiring the learning organization [J]. Training and Development, 1997, 51 (8): 61-67.

[100] Reed R, DeFillippi R J. Causal ambiguity, barriers to imitation, and sustainable competitive advantage [J]. Academy of Management Review, 1990, 15 (1): 88-102.

[101] Reid S D. The decision-maker and export entry and expansion

[J] . Journal of International Business Studies, 1981, 12 (2): 101 - 112.

[102] Reimann B C. On the dimensions of bureaucratic structure: An empirical reappraisal [J] . Administrative Science Quarterly, 1973: 462 - 476.

[103] Robertson R. Globalization: Social theory and global culture [M] . Sage, 1992.

[104] Robbins S P. Organization theory: The structure and design of organizations [M] . Englewood Cliffs, NJ: Prentice - Hall, 1983.

[105] Robbins S P. Organization theory: Structures, designs, and applications, 3/e [M] . Pearson Education India, 1990.

[106] Robbins S P. Organizational behavior [M] . Pearson Education India, 2001.

[107] Robbins, S P and Coulter, M. Management [M] . New Jersey: Pearson Prentice Hall, 2005.

[108] Rodenbach M, Brettel M. CEO experience as micro - level origin of dynamic capabilities [J] . Management Decision, 2012, 50 (4): 611 - 634.

[109] Rogers E M. Diffusion of innovations [M] . Simon and Schuster, 2010.

[110] Rosenberg N. Inside the black box: Technology and economics [M] . Cambridge University Press, 1982.

[111] Rugman, Alan M. and Richard M. Hodgetts . International Business [M] . New York: McGraw Hill, 1995.

[112] Rui H, Yip G S. Foreign acquisitions by Chinese firms: A strategic intent perspective [J] . Journal of World Business, 2008, 43 (2): 213 - 226.

[113] Sackmann S A. Uncovering culture in organizations [J] . The Journal of Applied Behavioral Science, 1991, 27 (3): 295 - 317.

[114] Sammarra A, Biggiero L. Heterogeneity and specificity of Inter-Firm knowledge flows in innovation networks [J]. Journal of Management Studies, 2008, 45 (4): 800 - 829.

[115] Schein E. H. Organisational culture and leadership [M]. Jossey - Bass, London, 1985.

[116] Schein E. H. Organizational culture and leadership [M]. San Francisco: Jossey - Bass, 1990.

[117] Scheres H., Rhodes, C. Between cultures: Values, training and identity in a manufacturing firm [J]. Journal of Organizational Change Management, 2006 (19): 223 - 236.

[118] Schwandt D. R. and Marquardt, M. J. Organisational learning: From world - class theories to global best practices [M]. Boca Raton, FL: St. Lucie Press, 2000.

[119] Sciulli L M. How organizational structure influences success in various types of innovation [J]. Journal of Retail Banking Services, 1998 (20): 13 - 18.

[120] Scott W R. Approaching adulthood: The maturing of institutional theory [J]. Theory and Society, 2008, 37 (5): 427 - 442.

[121] Senge P. The fifth discipline: The art and practice of the learning organization [M]. New York: Doubleday, 1990.

[122] Senge P. The fifth discipline: The art and practice of the learning organization [M]. Sydney: Random House, 1992.

[123] Sheremata W A. Centrifugal and centripetal forces in radical new product development under time pressure [J]. Academy of Management Review, 2000, 25 (2): 389 - 408.

[124] Shrivastava P. A typology of organizational learning systems [J]. Journal of Management Studies, 1983, 20 (1): 7 - 28.

[125] Siguaw J A, Simpson P M, Enz C A. Conceptualizing innovation orientation: A framework for study and integration of innovation re-

search* [J] . Journal of Product Innovation Management, 2006, 23 (6): 556 –574.

[126] Simon H A. Rational decision making in business organizations [J] . The American Economic Review, 1979: 493 –513.

[127] Sinkula J M, Baker W E, Noordewier T. A framework for market – based organizational learning: Linking values, knowledge, and behavior [J] . Journal of the Academy of Marketing Science, 1997, 25 (4): 305 –318.

[128] Slater S F, Narver J C. Market orientation and the learning organization [J] . The Journal of Marketing, 1995 (1): 63 –74.

[129] Slater S F, Narver J C. The positive effect of a market orientation on business profitability: A balanced replication [J] . Journal of Business Research, 2000, 48 (1): 69 –73.

[130] Sobek D, Liker J A Ward. Another look at how toyota integrates product development [J] . Harvard Business Review, 1999, 76 (4): 1 –12.

[131] Sobrero M, Roberts E B. The trade – off between efficiency and learning in interorganizational relationships for product development [J] . Management Science, 2001, 47 (4): 493 –511.

[132] Spector P E. Using self - report questionnaires in OB research: A comment on the use of a controversial method [J] . Journal of Organizational Behavior, 1994, 15 (5): 385 –392.

[133] Spender J C. Making knowledge the basis of a dynamic theory of the firm [J] . Strategic Management Journal, 1996 (17): 45 –62.

[134] Srinivasan, Raji, Gary L. Lilien, Arvind Rangaswamy. Technological opportunism and radical technology adoption: An application to E – Business [J] . Journal of Marketing, 2002, 66 (7): 47 –60.

[135] Srivastava R K, Fahey L, Christensen H K. The resource – based view and marketing: The role of market – based assets in gaining com-

petitive advantage [J]. Journal of Management, 2001, 27 (6): 777 - 802.

[136] Srivastava R K, Shervani T A, Fahey L. Marketing, business processes, and shareholder value: An organizationally embedded view of marketing activities and the discipline of marketing [J]. Journal of Marketing, 1999, 63 (4).

[137] Stock G N, McDermott C M. Implementing advanced manufacturing technology: The role of organizational culture [J]. Production and Inventory Management Journal, 2000, 41 (3): 66 - 71.

[138] Subba Narasimha P N. Strategy in turbulent environments: The role of dynamic competence [J]. Managerial and Decision Economics, 2001, 22 (4 - 5): 201 - 212.

[139] Szulanski G. Exploring internal stickiness: Impediments to the transfer of best practice within the firm [J]. Strategic Management Journal, 1996, (17): 27 - 43.

[140] Tata J, Prasad S, Thorn R. The influence of organizational structure on the effectiveness of TQM programs [J]. Journal of Managerial Issues, 1999, 11 (4): 440 - 453.

[141] Tata J, Prasad S. Quality management strategies at the United States - Mexico border [J]. International Journal of Management, 1998 (15): 212 - 217.

[142] Taylor A B, MacKinnon D P, Tein J Y. Tests of the three - path mediated effect [J]. Organizational Research Methods, 2008, 11 (2): 241 - 269.

[143] Teece D J. Capturing value from knowledge assets: The new economy, markets for know - how, and intagible assets [J]. California Management Review, 1998, 40 (3).

[144] Teece D J, Pisano G, Shuen A. Dynamic capabilities and strategic management [J]. Strategic Management Journal, 1997, 18 (7):

509 – 533.

[145] Thompson, J D. Organizations in action [M]. McGraw – Hill, New York, 1967.

[146] Tobin, Daniel R. Re – educating the corporation: Foundations for the learning organization [M]. Oliver Wight Publications, Essex Junction, VT, 1993.

[147] Torres R T, Preskill H. Evaluation and organizational learning: Past, present, and future [J]. The American Journal of Evaluation, 2001, 22 (3): 387 – 395.

[148] Tracey J B, Tannenbaum S I, Kavanagh M J. Applying trained skills on the job: The importance of the work environment [J]. Journal of Applied Psychology, 1995, 80 (2): 239.

[149] Vernon R. International investment and international trade in the product cycle [J]. The Quarterly Journal of Economics, 1966, 80 (2).

[150] Verona G, Ravasi D. Unbundling dynamic capabilities: An exploratory study of continuous product innovation [J]. Industrial and Corporate Change, 2003, 12 (3): 577 – 606.

[151] Volberda H W, Rutges A. Farsys: A knowledge – based system for managing strategic change [J]. Decision Support Systems, 1999, 26 (2): 99 – 123.

[152] Vorhies D W, Morgan N A. Benchmarking marketing capabilities for sustainable competitive advantage [J]. Journal of Marketing, 2005, 69 (1): 80 – 94.

[153] Watkins K E, Marsick V J. Sculpting the learning organization: Lessons in the art and science of systemic change [M]. Jossey – Bass Inc., Sansome Street, San Francisco, CA, 1993.

[154] Wegner D M. Transactive memory: A contemporary analysis of the group mind [M]. Theories of Group Behavior, Springer New York,

1987: 185 –208.

[155] Welch L S, Luostarinen R. Internationalization: Evolution of a concept [J] . The Internationalization of the firm, 1988 (1): 83 –98.

[156] Wernerfelt B. A resource – based view of the firm [J] . Strategic Management Journal, 1984, 5 (2): 171 –180.

[157] Wijnhoven F. Knowledge logistics in business contexts: Analyzing and diagnosing knowledge sharing by logistics concepts [J] . Knowledge and Process Management, 1998, 5 (3): 143 –157.

[158] Williams J, MacKinnon D P. Resampling and distribution of the product methods for testing indirect effects in complex models [J] . Structural Equation Modeling, 2008, 15 (1): 23 –51.

[159] Winter S G. Understanding dynamic capabilities [J] . Strategic Management Journal, 2003, 24 (10): 991 –995.

[160] Yamakawa Y, Peng M W, Deeds D L. What drives new ventures to internationalize from emerging to developed economies? [J] . Entrepreneurship Theory and Practice, 2008, 32 (1): 59 –82.

[161] Yin, R. Case study research: Design and methods [M] . Thousand Oaks: Sage Publication, 1994.

[162] Zahra, Shaker A., R. Duane Ireland, Michael A. Hitt. International expansion by new venture firms: International diversity, mode of market entry, technological learning, and performance [J] . Academy of Management Journal, 2000, 43 (5): 925 –950.

[163] Zahra, Shaker A., R. Duane Ireland, Anders P. Nielsen. sources of capabilities, integration and technology commercialization [J]. Strategic Management Journal, 2002, 23 (5): 377 –398.

[164] Zahra S A, George G. The net – enabled business innovation cycle and the evolution of dynamic capabilities [J] . Information Systems Research, 2002, 13 (2): 147 –150.

[165] Zahra S A, Sapienza H J, Davidsson P. Entrepreneurship and

dynamic capabilities: A review, model and research agenda* [J]. Journal of Management Studies, 2006, 43 (4): 917 -955.

[166] Zaltman G, Duncan R, Holbeck J. Innovations and organizations [M]. New York: Wiley, 1973.

[167] Zander U, Kogut B. Knowledge and the speed of the transfer and imitation of organizational capabilities: An empirical test [J]. Organization Science, 1995, 6 (1): 76 -92.

[168] Zollo M, Winter S G. Deliberate learning and the evolution of dynamic capabilities [J]. Organization Science, 2002, 13 (3): 339 -351.

[169] Zott C. Dynamic capabilities and the emergence of intraindustry differential firm performance: Insights from a simulation study [J]. Strategic Management Journal, 2003, 24 (2): 97 -125.

二、中文文献

[1] [美] 艾尔·巴比. 社会研究方法 [M]. 邱泽奇译. 北京: 华夏出版社, 2005.

[2] 保育钧. 民营经济改变中国 [N]. 南方都市报, 2008 -05 -30, (A02).

[3] 陈晓萍, 徐淑英, 樊景立. 组织与管理研究的实证方法 [M]. 北京: 北京大学出版社, 2012.

[4] 顾阳. 中国企业海外并购: 跳过"陷阱"找"馅饼" [N]. 经济日报, 2010 -02 -03.

[5] 郭净. 营销动态能力与企业国际化绩效——跨文化视角 [M]. 北京: 经济科学出版社, 2012.

[6] 韩德昌, 韩永强. 营销能力理论研究进展评析及未来趋势展望 [J]. 外国经济与管理, 2010 (6): 52 -58.

[7] 贺小刚, 李新春, 方海鹰. 动态能力的测量与功效: 基于中

国经验的实证研究［J］．管理世界，2010，6（3）：94－103.

［8］胡望斌，张玉利，牛芳．我国新企业创业导向、动态能力与企业成长关系实证研究［J］．中国软科学，2009（4）：107－118.

［9］黄益平等．中国对外直接投资研究［M］．北京：北京大学出版社，2013.

［10］焦豪，魏江，崔瑜．企业动态能力构建路径分析：基于创业导向和组织学习的视角［J］．管理世界，2008（4）：91－106.

［11］纪春礼．营销动态能力的构成：中国国际化企业视角［M］．北京：经济科学出版社，2011.

［12］李泳．中国企业对外直接投资成效研究［J］．管理世界，2009（9）：34－43.

［13］李巍，许晖．国际营销动态能力的制度驱动机制研究——基于四川长虹国际化进程的案例分析［J］．管理案例研究与评论，2012，5（6）：404－418.

［14］李巍，杨雪飞．营销动态能力的构建机制研究——组织与企业家因素交互视角［J］．华东经济管理，2016，30（6）：129－134.

［15］李巍，周娜，丁超．营销创新视野下营销动态能力的效用机制——基于“冷酸灵”的案例研究［J］．管理案例研究与评论，2017，10（2）：178－190.

［16］商务部．中国对外投资发展报告［M］．北京：经济管理出版社，2018.

［17］孙韶华．商务部一周内两次强调外贸政策维稳［N］．经济参考报，2012－2－1.

［18］唐宁玉．人事测评理论与方法［M］．大连：东北财经大学出版社，2002.

［19］王重明．心理学研究方法［M］．北京：人民教育出版社，1990.

［20］王海军，徐克静．问卷调查中的信度和效度问题［J］．中国健康教育，1994（1）：7－9.

［21］温忠麟，张雷，侯杰泰．有中介的调节变量和有调节的中介变量［J］．心理学报，2006，38（3）：448－452.

［22］吴先明．制度环境与我国企业海外投资进入模式［J］．经济管理，2011（4）：68－79.

［23］吴晓波，丁婉玲，高钰．企业能力、竞争强度与对外直接投资动机［J］．南开管理评论，2010，13（6）：68－76.

［24］谢洪明，罗惠玲，王成，李新春．学习、创新与核心能力：机制和路径［J］．经济研究，2007（2）：59－70.

［25］许晖，王睿智．企业国际营销能力对管理创新的作用机制研究——以海信为例［J］．管理案例研究与评论，2012，4（6）：432－443.

［26］许晖，李巍，王梁．市场知识管理与营销动态能力构建［J］．管理学报，2011，8（3）．

［27］许晖，郭净．中国国际化企业能力—战略匹配关系研究：管理者国际注意力的调节作用［J］．南开管理评论，2013，16（4）：133－142.

［28］许晖，郭净，纪春礼．中国企业国际营销动态能力的维度构建研究——基于三家企业国际营销实践的理论探索［J］．经济管理，2011（5）：183－192.

［29］许晖，纪春礼．动态能力理论在营销研究中的新发展：营销动态能力研究综述［J］．外国经济与管理，2010（11）：6.

［30］许晖，薛子超，邓伟升．企业知识向营销动态能力转化机制——宏济堂与天士力双案例对比研究［J］．经济管理，2018，40（6）：115－133.

［31］薛薇．基于SPSS的数据分析统计与应用丛书［M］．北京：人民大学出版社，2006.

［32］吴黎华．安永：2018中企海外并购达1080亿美元［EB/OL］．http：//www.jjckb.cn/2019－01/25/c_137773257.htm，2019－01－25.

[33] 吴明隆．问卷统计分析实务——SPSS 操作与应用［M］．重庆：重庆大学出版社，2010.

[34] 余建英，何旭宏．数据统计分析与 SPSS 应用［M］．北京：人民邮电出版社，2003.

[35] 于开乐，王铁明．基于并购的开放式创新对企业自主创新的影响［J］．管理世界，2008（4）：150－159.

[36] 张建红，卫新江，海柯·艾伯斯．决定中国企业海外收购成败的因素分析［J］．管理世界，2010（3）：97－107.

[37] 赵燕华．基于 IMC 理论的动态营销能力构建［J］．企业经济，2012，378（2）：88－92.

[38] 周升起，郑玉琳，兰珍先．加入 WTO 十年来的中国对外直接投资：特征、困扰与思考［J］．世界经济研究，2011（12）：25－39.

[39] 朱建平，殷瑞飞．SPSS 在统计分析中的应用［M］．北京：清华大学出版社，2007.

附　录

附录 A　预调查问卷

预调查问卷
中国企业管理现状调查

尊敬的女士/先生：

您好！

非常感谢您抽出时间填写我们的问卷。我们调查的目的是为国家自然科学基金项目研究收集相关资料，恳请您予以协助！此次调查以匿名方式进行，答案没有对错之分，请您根据实际情况如实填写。我们郑重承诺：所获信息严格保密，仅用于科学研究，请您放心并尽可能客观地回答。

若您对题项存有疑问，或对我们的调研有任何意见建议，请与我们联系，E－mail：xuwx2003@126.com，电话：13770509250。完成问卷后，恳请您确认已回答了每一部分的每项问题，您的回答对我们的研究非常重要。衷心感谢您的支持与合作！

南京大学商学院课题组

一、请您对贵公司在国际化过程中，在以下领域应对市场变化的效率和速度的情况做出评价，在下列各题中圈选一个最合适的数字。

	非常差	差	一般	好	非常好
1. 客户关系管理：为了掌握顾客需求以及更好地满足顾客需求，公司建立了跨部门的业务流程，这些流程可以有效地获取和使用客户信息、建立和维持与客户的关系、提供售后服务并且为管理客户关系提供支持	1	2	3	4	5
2. 产品开发管理：为了实现客户价值最大化，公司建立了跨部门的业务流程，这些流程可以有效地确定客户需求、设计新产品开发方案、制造、围绕新产品开发及工艺过程等方面而协调各部门之间的关系	1	2	3	4	5
3. 供应链管理：为了管理和整合公司与客户之间的供应链，公司建立了跨部门的业务流程，这些流程可以有效地选择和确定合格的供应商，建立和管理采购及销售物流，完善产品的工作流	1	2	3	4	5

二、在企业国际化过程中，贵公司在以下活动中，获取、解释、整合市场和技术信息与知识的程度如何？请在下列各题中圈选一个最合适的数字。

	非常少	少	一般	多	非常多
1. 在公司正式的总结学习、研究报告中	1	2	3	4	5
2. 在信息分享的会议活动中	1	2	3	4	5
3. 在跨职能团队面对面的讨论活动中	1	2	3	4	5
4. 在失败产品开发项目的正式分析活动中	1	2	3	4	5
5. 在成功产品开发项目的正式分析活动中	1	2	3	4	5
6. 在利用专家和咨询人员来整合知识的活动中	1	2	3	4	5

三、请您依据贵公司在国际化过程中吸收市场知识的情况，在各题中圈选一个最合适的数字。

	非常不同意	不同意	不确定	同意	非常同意
1. 公司从不同的客户组合中获得市场信息	1	2	3	4	5
2. 公司从不同的细分市场中收集知识	1	2	3	4	5
3. 公司从不同的行业中收集知识	1	2	3	4	5
4. 公司对所处行业非常熟悉	1	2	3	4	5
5. 公司对所处行业非常有经验	1	2	3	4	5
6. 在所处行业中，公司拥有的知识是详细的	1	2	3	4	5
7. 公司对行业内的市场及技术知识深入了解	1	2	3	4	5

四、请您依据贵公司在国际化过程中，组织内部因素对国际化的影响，在下列各题中圈选一个最合适的数字。

	非常不同意	不同意	不确定	同意	非常同意
1. 高层管理者认同企业的学习能力是关键的竞争优势	1	2	3	4	5
2. 公司基本的价值观包括了学习是提高的关键因素	1	2	3	4	5
3. 公司认为员工学习是一种投资而不是消费	1	2	3	4	5
4. 公司的学习被看作是组织生存的一个关键保障	1	2	3	4	5
5. 公司内部不同部门之间充分合作来产生和筛选新产品的新思路	1	2	3	4	5
6. 公司内部不同部门之间充分合作来建立战略的目标和优先事项	1	2	3	4	5
7. 项目小组可以代表不同部门进行合作	1	2	3	4	5
8. 公司对所有的决策都有一个标准的程序	1	2	3	4	5
9. 公司大多数任务都有规则和程序	1	2	3	4	5
10. 公司依靠合同规则和政策来控制每天的运营	1	2	3	4	5

续表

	非常不同意	不同意	不确定	同意	非常同意
11. 公司员工在很多方面遵守书面程序	1	2	3	4	5
12. 公司员工感觉各自部门的目标相互不冲突	1	2	3	4	5
13. 保护部门的利益被认为是国际化过程中的一种做事方式	1	2	3	4	5
14. 公司各部门之间的冲突很少	1	2	3	4	5
15. 公司各部门员工之间有很多非正式交流的机会	1	2	3	4	5

企业基本信息（请在合适的选项上划“√”或填写相关信息）

1. 企业设立年限为：

（1）0～2年　（2）3～5年　（3）6～10年

（4）11～20年　（5）21～30年　（6）31年及以上

2. 员工总人数为：

（1）0～50人　（2）51～100人　（3）101～500人

（4）501～1000人　（5）1001～2000人　（6）2000人以上

3. 企业所有权性质（若为其他，请注明）：

（1）国有及国有控股　（2）民营

（3）集体　（4）三资—内资控股

（5）三资—外资控股　（6）其他________

4. 企业主导业务所在行业领域（若为其他，请注明）：

（1）信息/软件

（2）电子与通信设备制造

（3）医药制造

（4）新材料/新能源

（5）机械制造

（6）纺织与化纤

（7） 其他________

5. 企业的对外投资始于________年，涉及________个国家（地区），现共有海外投资企业（项目）________家（项）。

6. 海外投资的主要方式：

（1） 独资新建　　（2） 合资新建　　（3） 兼并企业

7. 企业在海外已经开展的经营类型：

（1） 建立生产企业　（2） 建立销售公司　（3） 开展工程承包

（4） 设立研发机构　（5） 从事资源开发

8. 企业近两年年均总销售额为：

（1） 0～4000 万元　（2） 4001 万元至 4 亿元　（3） 4 亿元以上

9. 在总产品收入中，自有商标产品收入占比约为________%，贴牌生产产品收入占比约为________%。

10. 近两年年均出口产品销售额占总销售额比重约为：

（1） 0～10%　（2） 11%～0%　（3） 21%～30%

（4） 31%～50%　（5） 51%～70%　（6） 70%以上

11. 近两年年均研发费用占总销售额比重约为：

（1） 0～2%　（2） 3%～5%　（3） 6%～9%

（4） 10%～15%　（5） 16%～20%　（6） 20%以上

12. 企业累计获得自有专利________项，其中发明专利________项。

13. 产品开发项目所处阶段：

（1） 立项期　（2） 启动期

（3） 发展成熟期　（4） 完成期

问卷到此完毕，再次感谢您的真诚参与！

附录 B 正式调查问卷

中国企业管理现状调查

尊敬的女士/先生：

您好！

非常感谢您抽出时间填写我们的问卷。我们调查的目的是为国家自然科学基金项目研究收集相关资料，恳请您予以协助！此次调查以匿名方式进行，答案没有对错之分，请您根据实际情况如实填写。我们郑重承诺：所获信息严格保密，仅用于科学研究，请您放心并尽可能客观地回答。提示：填写问卷时，可用“√”对所选数字进行标记。

若您对题项存有疑问，或对我们的调研有任何意见建议，请与我们联系，E－mail：xuwx2003@126.com，电话：13770509250。完成问卷后，恳请您确认已回答了每一部分的每项问题，您的回答对我们的研究非常重要。衷心感谢您的支持与合作！

南京大学商学院课题组

一、请您对贵公司国际化过程中，在以下领域应对市场变化的效率和速度的情况做出评价，在下列各题中选一个最合适的数字，标记“√”。

	非常差	差	一般	好	非常好
1. 客户关系管理：为了掌握顾客需求以及更好地满足顾客需求，公司建立了跨部门的业务流程，这些流程可以有效地获取和使用客户信息、建立和维持与客户的关系、提供售后服务并且为管理客户关系提供支持	1	2	3	4	5

续表

	非常差	差	一般	好	非常好
2. 产品开发管理：为了实现客户价值最大化，公司建立了跨部门的业务流程，这些流程可以有效地确定客户需求、设计新产品开发方案、制造、围绕新产品开发及工艺过程等方面而协调各部门之间的关系	1	2	3	4	5
3. 供应链管理：为了管理和整合公司与客户之间的供应链，公司建立了跨部门的业务流程，这些流程可以有效地选择和确定合格的供应商，建立和管理采购及销售物流，完善产品的工作流	1	2	3	4	5

二、在企业国际化过程中，贵公司在以下活动中，获取、解释、整合市场和技术信息与知识的程度如何？请在下列各题中选一个最合适的数字，标记“√”。

	非常少	少	一般	多	非常多
1. 在公司正式的总结学习、研究报告中	1	2	3	4	5
2. 在信息分享的会议活动中	1	2	3	4	5
3. 在跨职能团队面对面的讨论活动中	1	2	3	4	5
4. 在失败产品开发项目的正式分析活动中	1	2	3	4	5
5. 在成功产品开发项目的正式分析活动中	1	2	3	4	5
6. 在利用专家和咨询人员来整合知识的活动中	1	2	3	4	5

三、请您依据贵公司在国际化过程中吸收市场知识的情况，选一个最合适的数字，标记“√”。

	非常不同意	不同意	不确定	同意	非常同意
1. 公司吸收了各种不同客户组合的市场信息	1	2	3	4	5
2. 公司吸收了各种细分市场的相关知识	1	2	3	4	5
3. 公司吸收了本行业广泛的知识	1	2	3	4	5
4. 公司对所处行业非常熟悉	1	2	3	4	5
5. 关于所处行业，公司有丰富的经验	1	2	3	4	5

续表

	非常不同意	不同意	不确定	同意	非常同意
6. 在所处行业中，公司拥有的知识是深厚的	1	2	3	4	5
7. 公司对行业内的市场及技术知识深入了解	1	2	3	4	5

四、请您依据贵公司在国际化过程中，组织内部因素对国际化的影响，在下列各题中选一个最合适的数字，标记“√”。

	非常不同意	不同意	不确定	同意	非常同意
1. 高层管理者认为企业的学习能力是关键的竞争优势	1	2	3	4	5
2. 公司的基本价值观包括学习是提高的关键因素	1	2	3	4	5
3. 公司认为员工学习是一种投资而不是消费	1	2	3	4	5
4. 公司的学习被看作组织生存的一个关键保障	1	2	3	4	5
5. 公司内部不同部门之间充分合作来产生和筛选新产品的新思路	1	2	3	4	5
6. 公司内部不同部门之间充分合作来建立战略的目标和优先事项	1	2	3	4	5
7. 项目小组可以代表不同部门进行合作	1	2	3	4	5
8. 公司对所有的决策都有一个标准的程序	1	2	3	4	5
9. 公司大多数任务都有相应的规则和程序	1	2	3	4	5
10. 公司依靠合同规则和政策来控制每天的运营	1	2	3	4	5
11. 公司员工在很多方面遵守书面程序	1	2	3	4	5
12. 公司员工感觉各自部门的目标是不冲突的	1	2	3	4	5
13. 保护部门的利益是一种做事方式	1	2	3	4	5
14. 公司各部门之间的冲突很少	1	2	3	4	5
15. 公司各部门员工之间有很多非正式交流的机会	1	2	3	4	5

企业基本信息（请在合适的选项上划"√"或填写相关信息）

1. 企业成立年限为：

（1）0~2年　　（2）3~5年　　（3）6~10年

（4）11~20年　　（5）21~30年　　（6）31年及以上

2. 员工总人数为：

（1）0~50人　　（2）51~100人　　（3）101~500人

（4）501~1000人　（5）1001~2000人　（6）2000人以上

3. 企业所有权性质（若为其他，请说明）：

（1）国有及国有控股

（2）内资有限或股份公司（非国有控股）

（3）中外合资（中方控股）

（4）内资私营企业

（5）其他________

4. 企业主导业务所在行业领域（若为其他，请说明）：

（1）信息/软件

（2）电子、计算机与通信设备制造

（3）医药制造

（4）新材料/新能源

（5）机械制造

（6）纺织与化纤

（7）交通运输/仓储和邮政

（8）金融

（9）租赁与商务服务

（10）其他________

5. 企业的海外投资始于________年，涉及________个国家（地区），现共有海外投资企业（项目）________家（项）。

6. 海外投资的主要方式：

（1）独资新建　　（2）合资新建　　（3）并购海外企业

7. 企业在海外已经开展的经营类型（可多选）：

（1）建立生产企业　　（2）建立销售公司

（3）开展工程承包　　（4）设立研发机构

8. 企业近两年年均总销售额为：

（1）0～4000万元　（2）4001万元至4亿元　（3）4亿元以上

其中，自有商标产品收入约占________%，贴牌生产产品收入约占________%。

9. 近两年年均出口产品销售额占总销售额比重约为：

（1）0～10%　（2）11%～20%　（3）21%～30%

（4）31%～50%　（5）51%～70%　（6）70%以上

10. 近两年年均研发费用占总销售额比重约为：

（1）0～2%　（2）3%～5%　（3）6%～9%

（4）10%～15%　（5）16%～20%　（6）20%以上

11. 企业累计获得专利________项，其中发明专利________项。

12. 企业是否有跨国合作的产品开发项目？

（1）有　（2）无

若有，项目现处于什么阶段？

（1）立项期　（2）启动期

（3）发展成熟期　（4）完成期

问卷到此完毕，再次感谢您的真诚参与！